100
YEARS
of
TATTOOS

刺青，有故事

David McComb—著

李佳霖—譯

LOVE

原點

刺青，有故事【圖錄經典版】

（原書名_刺青。流行百年）

作　　　者	大衛・麥庫姆（David McComb）
譯　　　者	李佳霖
封面設計	田修銓
封面繪圖	胡祐銘
內頁構成	詹淑娟
編　　　輯	柯欣妤
校　　　對	吳小微
行銷企劃	蔡佳妘
業務發行	王綬晨、邱紹溢、劉文雅
主　　　編	柯欣妤
副總編輯	詹雅蘭
總 編 輯	葛雅茜
發 行 人	蘇拾平

出　　　版　原點出版 Uni-Books
　　　　　　Facebook：Uni-Books 原點出版
　　　　　　Email：uni-books@andbooks.com.tw
　　　　　　新北市231030新店區北新路三段207-3號5樓
　　　　　　電話：（02）8913-1005　傳真：（02）8913-1056
發　　　行　大雁出版基地
　　　　　　新北市231030新店區北新路三段207-3號5樓
　　　　　　24小時傳真服務　（02）8913-1056
　　　　　　讀者服務信箱 Email: andbooks@andbooks.com.tw
　　　　　　劃撥帳號：19983379
戶　　　名　大雁文化事業股份有限公司

初版一刷　2018年 6 月
三版一刷　2024年 1 月

定　　　價　550元
ISBN　　978-626-7338-54-4（平裝）
ISBN　　978-626-7338-52-0（EPUB）

大雁出版基地官網：www.andbooks.com.tw

國家圖書館出版品預行編目(CIP)資料

刺青，有故事 / 大衛.麥庫姆(David McComb)著；
李佳霖譯. -- 三版. -- 新北市：原點出版：大雁文
化發行, 2024.01
288面；17×23公分
譯自：100 years of tattoos
ISBN 978-626-7338-54-4（平裝）

1.紋身 2.次文化 3.歷史

538.161　　　　　　　　　　　112021290

刺青，有故事

大衛・麥庫姆
DAVID McCOMB

☆當今名流的刺青經常占據新聞頭條版面，時下的高級時尚由身上帶有刺青的超級名模背書，呈現當紅刺青師工作實況的電視實境秀吸引著全球上百萬觀眾收看，生活在這樣的年代，我們很難去想像在過往刺青其實是一種禁忌。

近年來刺青越來越普遍流行——福斯新聞在2014年3月進行的民調顯示，全美約有20％的人口有刺青，與2007年相較成長了13％——在過去這個世紀，西方社會對於刺青的觀感有相當大的變化，刺青這項歷史悠久的技藝，在廣為推崇的同時也遭受到不少非難。

在兩次世界大戰期間，刺青是一種愛國的象徵，到了1960年代反主流文化運動期間，刺青成為表達非主流立場的手段，然而在1940與1950年代，刺青被貶為是與社會脫軌的行為，甚或讓人聯想到犯罪。刺青對於不同年代的人來說帶有不同意涵，同時刺青帶給人的社會觀感也隨著政治、國際情勢以及瞬息萬變的時尚流行產生變化。

但是對於刺青的觀感變化並非現代獨有的現象，在過去好幾個世紀以來，西方世界對於在身體紋下圖樣這樣的行為，抱有多樣的看法。隨著時代的不同，刺青有時是野蠻的象徵、有時是上流階級的盲目跟風，有時則是墮落的印記。

由英國刺青藝術家阿歷克斯・比尼（Alex Binnie）
所設計的全身刺青圖。

古代觀點

西方世界排斥刺青這項身體藝術的歷史可以上溯到古希臘跟羅馬時代，在當時，色雷斯人（Thracian）、高斯人（Gaul）、皮克特人（Pict），這幾個歐洲部族的刺青習慣被看做是一種野蠻行為。

希臘跟羅馬人對於在身體上刻劃下永恆不滅的印記這項行為感到相當詫異。對他們來說，刺青用於懲罰上，他們會在不安分的奴隸或是囚犯身上烙下不名譽的標記。也因此，對羅馬人來說，刺青象徵的是污名（stigma），污名的語源來自於希臘字根「stig」，它的意思是「刺」（to prick）。這個字傳承到現代就意味著惡名或是恥辱。

羅馬帝國崩毀後的幾世紀，刺青這項傳統隨著基督教在歐洲大陸的普及，依舊持續遭受打壓。西元787年，教宗哈德良一世公開聲明禁止刺青，這項異教徒傳統也就因此銷聲匿跡。

但就在刺青因為偏見而近乎滅絕的同時，西方世界與太平洋另一端數千年來將刺青納入人生儀式的部族產生了接觸，最終大大扭轉了歐洲對於這項身體藝術的看法。

刺青重返歐洲

儘管在1700年代末期英國皇家海軍出發進行大航海旅程之前，水手們就已經有刺青的習慣，但是將刺青這項傳統藝術重新引進歐洲，並且給予其正式稱呼的則是探險家詹姆斯·庫克（James Cook）。

庫克在大溪地觀察到這項傳統後，在1769年時這麼寫道：「男女身上均紋有圖樣，在他們的語言裡，這項行為被稱作tattow。」這同時是刺青（tattoo）這個字眼首度出現於英文中（有時會被寫做ta-tu或是tatau）。

雖然刺青幾世紀以來在歐洲社會持續遭受打壓，庫克的冒險傳說以及身上紋有繁複圖樣的神祕部族故事，在他返回歐洲後引發了大眾與學界的興趣。

在廣大迴響的激勵下，1774年庫克自他第二趟的旅程返回歐洲。這趟返歐，他身邊多了一位來自玻里尼西亞群島瑞亞提亞（Raiatea）的年輕男性。歐麥（他的本名是麥（Mai））在英國待了兩年，這段期間他被介紹給倫敦上流社會，同時也為大眾媒體廣為報導，大篇幅介紹紋在他手背上引人注目的圖樣。

隨著媒體對於刺青的關注持續增長——部分原因是身上有刺青的水手會在市區的酒吧或是劇院展示，並藉此收費——刺青的社會觀感逐漸開始產生變化，有刺青能力的人也發現他們可以藉由這一行來賺錢。不久後，西方世界第一家專門刺青店開始營業。

1870年馬丁·希德布蘭特（Martin Hildebrandt）於紐約開設了全美第一間刺青店，他以這間店為據點培訓出許多刺青師，日後這些刺青師紛紛展開個人工作室為大眾提供服務，刺青變得觸手可及，不再僅是遠赴異地探險的水手專利。

另一方面，大西洋另一端的英國在歐洲也成為這項身體藝術的據點，1862年威爾斯親王（日

後的英國國王愛德華七世）艾伯・愛德華（Albert Edward）在結束一趟中東之旅重返英國之際，手臂上多了一個十字架的刺青——這項傳統可上溯至中世紀，當時耶路撒冷的十字軍會在身上刺下十字架或是其他帶有宗教意涵的印記，以確保即便他們喪命於異地，也能以符合基督教形式的儀式下葬——這件事等於給予了刺青來自皇室的非官方認可。

隨著皇室成員刺青的消息擴散，這項背書引發一股刺青熱潮，席捲了英國上流社會，同時也激發了英國的業餘刺青師成立專業工作室來服務有錢的客戶。

在20世紀初期，刺青吸引了歐洲最為富裕的上流階級，但流行總是瞬息萬變，不久後，刺青的熱潮退去，刺青這項身體藝術轉而為一般大眾所擁抱。

刺青世紀

在過去一百年間，全球社會因為國際戰爭以及政治、道德觀與宗教信仰的劇烈變化而起伏震盪，刺青的社會觀感也呈現前所未有的快速變動。在古代，刺青的觀感要產生變化需耗時好幾個世代甚或好幾個世紀，但這數十年來，對許多人而言，這項身體藝術在他們的一生當中反覆被時尚流行接納與淘汰——絕大多數的情況是重返潮流。

自第一次世界大戰開戰到第二次世界大戰結束，西方世界的刺青——基本上跟航海以及軍隊脫不了關係——多半被認作是愛國的標記或是自由的象徵。

這個時期特別受歡迎的刺青圖樣被畫成彩色設計圖，大量裝飾在刺青店的牆上，題材多半是歌頌對國家的奉獻、航海迷信或是來自異國的猛獸。也因此，在戰爭期間刺青的流行很快地從軍人間擴散出去，吸引了眾多藍領階級。這些藍領階級透過刺青來逃脫乏味的勞動日常，藉由在身上刺下帶有異國風情的圖樣來品味實際生活中無法體驗的冒險人生。

雜耍團中身上紋有大量刺青的表演者，在20世紀初期至中葉，從市中心往來於鄉村地帶間，他們也是這項身體藝術流行背後的推手之一。各地的刺青師也被納入表演環節，他們在往來各個城鎮之際會順便幫上門的顧客刺青，美國與歐洲各地的一般民眾因此生平第一次有機會接觸到刺青，對於刺青的需求也與日俱增。

但是就在刺青獲得了社會的些許認可之際，接踵而來的第二次世界大戰又將刺青的社會觀感導引至相反方向。

納粹軍在戰爭期間的暴行於大西洋兩端報導開來，集中營的囚犯身上被紋下編碼的事件，強烈影響了刺青的社會觀感，對許多人而言刺青因此與憎恨產生了強烈連結。自戰場歸來的軍人，發現先前被看做是英雄象徵的刺青讓他們在找工作時四處碰壁，西方世界的刺青師紛紛被迫歇業，不得不另覓生路。

但就當這項身體藝術的評價在1940年代結束前達到谷底之際，刺青被另一群遭社會邊緣化且拒於門外的族群所接納，刺青成為他們用來表現反抗精神的一項強而有力的手段。

脫軌的標記

黑色與灰色是時下最流行的刺青風格，這種風格誕生於美國刑罰歷史中，最早見於來自墨西哥的囚犯身上。

但是由於北美的監獄禁止刺青，二戰後的囚犯必須自監獄工廠中能搜刮到的零件拼湊出紋身機。同時，他們也得利用煤灰來取代黑色染色劑，以便於呈現這種以暗色調為最大特徵的刺青風格。

這種讓人印象深刻的黑白刺青對於來自墨西哥的移民而言是一種榮耀的象徵，這讓被美國社會拒於門外的他們可以獲得些許的歸屬感。這種黑灰色調的刺青隨即被生活在市區的墨裔美籍年輕人接納，他們身上的繁複圖樣所傳遞的祕密訊息，跟監獄受刑人身上的圖樣如出一轍。

在美國，不法的機車次文化成員——其中包括了像是惡名昭彰的異教徒幫（Pagans）跟地獄天使幫（Hells Angels）——也將刺青做為表達異議的手段，他們在身上紋下具攻擊性或是傳遞反叛訊息的圖樣，以對抗讓他們感到強烈疏離的社會。

1940到1960年代這段期間基本上是刺青藝術的暗黑期，但就在黑幫分子跟不良機車車手屢屢躍上新聞頭條並引發道德恐慌的同時，幾位關鍵性的刺青藝術家也在幕後為刺青的進展鋪路。

在英國，刺青師萊斯‧史庫斯（Les Skuse）於1953年成立布里斯托刺青俱樂部（Bristol Tattoo Club），他孜孜矻矻地為紋身藝術開創新格局，讓這項藝術不再僅僅是刺青店內牆上的圖樣。他為身上紋有大量刺青的同好策劃了可以交流彼此人生故事與想法的聚會，為他們建立了社群的歸屬感。

在地球另一端的夏威夷，諾曼‧「水手傑瑞」‧柯林斯（Norman 'Sailor Jerry' Collins）與日本藝術家互換手頭上的圖樣跟紋身機，為刺青開創了生氣十足的新路線。他運用繁複細膩的背景將獨立的圖樣相互連結，發展成全身或是全手臂的刺青，將西方世界的刺青藝術推向新的境界。

柯林斯的重要性在於，他的作品同時給予了1970年代踏入這項產業的新世代藝術家相當大的啟發，這些新世代藝術家日後也接二連三改變了西方社會對於刺青的觀感。

刺青藝術

對許多熱衷於刺青的人來說，唐‧艾德‧哈迪（Don Ed Hardy）這個名字可說是跟超強時尚品牌畫上了等號，他的影響力自2004年開始滲透於鬧區跟購物中心，金‧卡達夏、碧昂絲跟琳賽‧蘿涵等名流，身上的刺青全都由他操刀。

雖然評論家對於唐‧艾德‧哈迪將他的招牌刺青圖樣引入主流文化這一點發出譴責之聲，但做為一位出身於1970年代的刺青藝術家，他為刺青創造出嶄新的可能性，並將刺青引介給全新群眾的這些面向上，可說是功不可沒。

身為諾曼‧「水手傑瑞」‧柯林斯的門徒，哈迪繼承了導師未竟的志業，善用自己過往在美術學校所受的訓練以及與日本刺青師的合作經驗，持續讓紋身藝術在西方世界進步。

哈迪以舊金山為據點，創立了全美第一間客製化工作室，這間工作室捨棄老套的圖樣，由顧客以及刺青師共同創造，而非死守毫無新意的既有設計。在1960年代末期反主流文化運動的激發下——中產階級大學生將刺青做為表達政治不滿的手段——擁有一定教育程度的有錢階級成為刺青的新族群，他們蜂擁至哈迪的工作室，企圖透過身體來為個人意見與信仰發聲。

哈迪同時也在1970年代的刺青文化復興期扮演了相當重要的角色，他給予多數勇於挑戰新風格的年輕刺青藝術家支持——當中包括了日後在1990年代最為流行的部落圖騰刺青——同時由他創刊、鎖定知識分子為主要讀者群的雜誌《刺青時代》（Tattoo Time），讓刺青在從街頭技藝躋身進高級藝術的面向上功不可沒。

就在1970年代即將告終之際，刺青再度為大眾流行文化擁抱，同時也為舉凡龐克、重金屬或是龐克搖滾等眾多次文化音樂類型所接收，紋身藝術持續往主流文化邁進。

隨著MTV在1981年開台，刺青也獲得了一個前所未有的平台，使其得以觸及全新的群眾。這個大受歡迎的電視頻道一天24小時不間斷地播放音樂錄影帶，搖滾或是流行歌手身上的刺青瞬間變得醒目，瓦解了刺青長期以來屬於罪犯或是危險飆車族專利的偏見。

同一期間，另有一群新銳藝術家大放異彩。他們多半畢業於美術學校，捨棄過往陽剛味十足的傳統圖樣，為這個產業注入了富含創意的新穎技術與設計。這股新銳浪潮同時也讓女性藝術家在這個過去是由男性主導的產業中有機會展露頭角。

之後的幾年，刺青名流像是大衛・貝克漢跟安潔莉娜・裘莉更為刺青打開了大門，將當代刺青文化更加發揚光大，推廣至對時尚流行敏感的大眾族群。「邁阿密刺青客」（Miami Ink）之類的電視實境秀的開播，為刺青的神祕過程揭開面紗，當觀眾有機會一窺現代刺青工作室的工作實況。紋身展的舉辦與年俱增，讓全球各地數以百萬計的刺青同好有機會在活動上共襄盛舉，同時也讓刺青擺脫過往脫軌的形象，有機會成為流行文化中鮮活的元素之一，並爭取值得受到敬重的一席之地。

過去的一個世紀，世人對於紋身藝術的評價如同乘坐雲霄飛車般起起伏伏，攝影技術的進步、關於戰爭期間或是時尚潮流與次文化的大量紀錄，讓我們可以透過視覺影像觀察到刺青的社會觀感變化。雖然在當代歷史中，刺青賦予大眾多半是負面的不佳印象，但接下來的章節將會向我們證明，在身體上紋下圖樣的這項行為，是何等強而有力，同時刺青可以如何引發出人類兩極的情緒——從愛與榮耀到偏見、沙文主義以及憎恨。

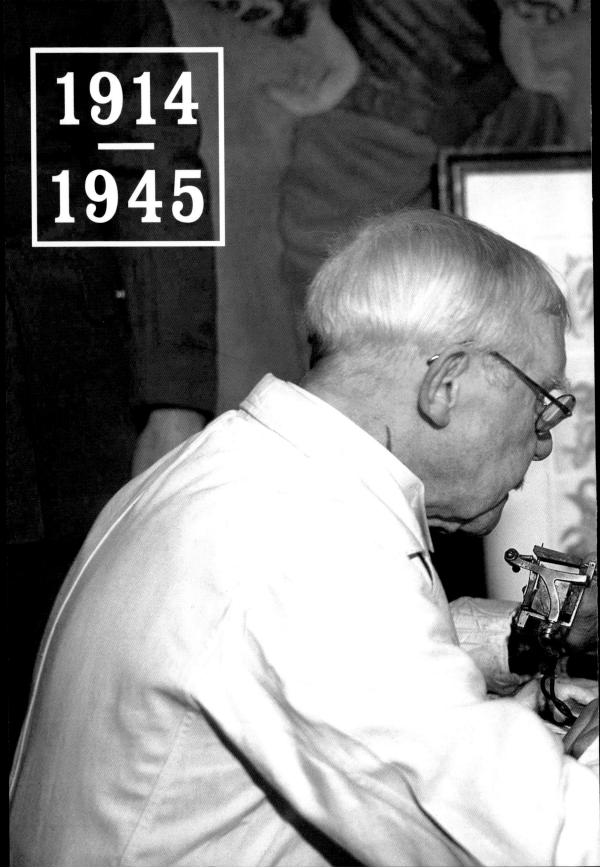

**1914
—
1945**

1914 — 1945

琴‧佛瑞拉‧卡蘿（Jean Furella Carroll）在馬戲團以鬍鬚女的身分展開事業生涯，但最後她捨棄了鬍鬚改以在身上大量刺青，成為著名的人體刺青展示。

19世紀末期，紋身藝術在歐洲上流階級中掀起一股稍縱即逝的熱潮。

在刺青還是仰賴手工一針一針紋的年代，喬治‧伯切特（George Burchett）或是湯姆‧萊利（Tom Riley）等英國刺青師就經常為上流階級服務，他們手上握有的客戶名冊仿若是歐洲貴族的名人錄。在伯切特過世後出版於1958年的自傳《一位刺青師的回憶錄》中記載道，許多皇室成員遠道而來讓他紋身，他服務過的客戶列舉起來洋洋灑灑，其中有西班牙國王阿方索十三世、丹麥國王腓特烈九世和英國國王喬治五世。

隨著皇室成員刺青的消息散播出去，一股前所未有的刺青熱潮就此席捲歐洲上流社會。根據伯切特的說法，截至1898年約莫20%的英國貴族身上至少有一個刺青。雖然在20世紀初期紋身藝術多半為男性藍領階級所擁抱，但仍有為數不少的上流階級女性同樣也在這個時期紋身，當中包括了邱吉爾的母親倫道夫‧邱吉爾夫人（Lady Randolph Churchill），她就在手腕上刺了一條蛇。

除了要趕流行不落人後，許多上流階級成員在身上刺青的另一個原因是，要做為他們曾遠赴異國旅行的見證，同時順便在海外旅行尚未普及且所費不貲的年代中，展示他們與遠方異國文化接觸的經驗。在這股異國紋身的熱潮下，日本的刺青師遠渡重洋前往歐洲跟美國為富裕的客戶服務。同時，許多知名英國刺青藝術家像是蘇特蘭‧麥當諾（Sutherland Macdonald）——他在倫敦最潮的傑明街上經營工作室——把自己的店面裝飾得像是他們在服役期間在日本造訪的刺青店，讓上門的顧客也能感覺彷彿自己見證了一場古老的異國儀式。

除了要在趕流行上不落人後，
許多上流階級成員在身上刺青的另一個原因是，
要做為他們曾遠赴異國旅行的見證。

　　但是在紐約刺青師塞繆爾‧奧瑞利（Samuel O'Reilly）於1891年運用愛迪生發明的電子筆開發出第一台電動紋身機並申請專利後，在上流社會間掀起的短暫刺青熱潮開始退燒。因為電動紋身機能讓刺青師一口氣同時使用多根針，跟傳統紋身術相較之下，刺青變得既便宜又快速，同時疼痛度也降低許多。在19世紀與20世紀交替之際，電動紋身機的大量生產與普及讓刺青滲透至嘉年華會或是雜耍表演中——在這些場合中，上門的觀眾不僅可以透過付費觀賞人體刺青，還可以讓隨著雜耍團往來於各地的刺青師為他們服務，親身體驗刺青——無論是市區抑或港邊小鎮，業餘刺青師會在店家集中的街道上或是理髮店內的小房間來施展他們的手藝。

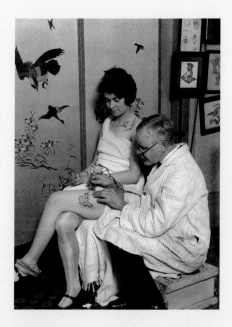

　　刺青變得不再只是上流階級的專利，過往一位刺青師在學成獨立之前須花費數年時間，但電動紋身機的問世讓刺青這項技術在不到數天的時間內就能習得。也因此姿態甚高的流行雜誌一改過往將刺青譽為「高級技術」的態度，隨著刺青的大眾化轉為批判，此後不久，紋身藝術開始帶有不入流、過時且俯拾皆是的印象。

英國刺青師喬治‧伯切特在推動紋身藝術的進步上功不可沒，他為歐洲皇室、馬戲團成員、上流階級及無數英國皇家海軍成員刺青。他自十來歲時就待在英國皇家海軍中磨練手藝。

　　但就當上流階級對電動紋身機這項新奇的發明冷嘲熱諷之際，紋身藝術迅速觸及一般大眾，他們渴望在身上紋下軍人或是水手們刺在身上、大膽且具有愛國意涵的圖樣。這些圖樣同時也意味著冒險、刺激與海上生活。雖然刺青在一個世紀以來絕大部分的時間未能躋身於流行的核心，奧瑞利的發明為刺青這項古老的技術開展了活路，造就了今日西方世界對於刺青的熱衷。

☆

WAR AND INK
戰爭與刺青

早在主流文化力捧刺青之前，

紋身藝術誕生於航海文化與軍隊之間，

在世界強權紛紛投注精力於戰事的期間，

刺青是一種愛國象徵、帶來好運的護身符，

以及士兵們追悼喪命於戰場上摯愛同袍的方式。

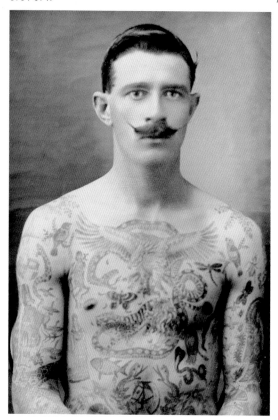 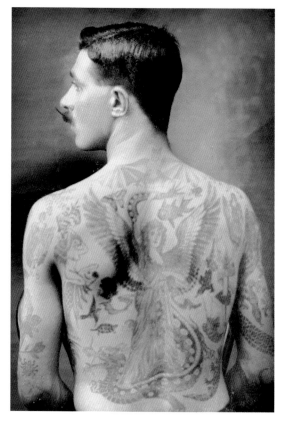

↑
1960年代末期，西方的刺青藝術家開始實驗性地納入日式刺青的技巧，將不同的圖樣串連成大面積的全身或是全手臂刺青。在美國與歐洲，刺青比較像是紀念徽章，多半被隨性紋在身體的不同部位，圖樣間沒有明顯的關聯。這位英國軍官的照片攝於第一次世界大戰開戰前夕，他身上紋有許多具代表性的圖樣，小圖樣被填補於大圖樣與大圖樣之間的空白處。

→
明信片在一戰期間被英國政府大量用於政治宣傳上，1914年7月宣戰後不出一星期，英國政府印製的明信片就被分發一空，當時英國軍隊甚至還沒登陸法國。照片中的這位水手上臂的刺青是為了用於激勵英國皇家海軍的士氣。紋在他手臂上的船錨只見於曾實際橫渡大西洋的水手身上。

A LITTLE PILL.
FOR KAISER BILL!!

喬瑟夫・哈特里（Joseph Hartley）是英國布里斯托截至1920年代末期唯一的專業刺青師，他所設計的圖樣廣受水手們歡迎，每當船隻在布里斯托港停泊之際，水手們就會直奔他的刺青店，把薪水花在刺青上。哈特里除了經手許多以航海為主題、流行於英國與歐洲的精緻設計圖，同時也製造、販售電動刺青機，靠刺青用品的販售獲利不少。

↑
在一戰期間，無論是同盟國還是協約國，戰場上的士兵們人人身上都有刺青。在戰壕中為新入士兵刺青是必經的洗禮。在這張照片中，英國士兵喬治‧湯馬士‧潘儂（George Thomas Pannell）在戰友們的注目下用針跟墨水為最前排的年輕士兵刺青。潘儂並非專業刺青師，他唯一與創作相關的經驗是閒暇時在家刷油漆。

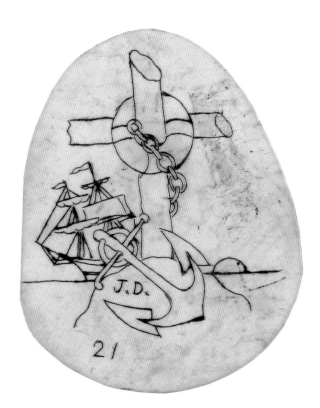

←
19世紀末期，將圖案紋上身體時多半使用半透明米紙製成的轉印紙，但是這種轉印紙相當脆弱，而且無法重複使用。在19、20世紀交替之際，大多數的刺青店轉而採用塑膠轉印紙，這種轉印紙可以重複使用，同時還能讓想要精益求精的刺青師仿效學習。到了1980年代，將圖樣轉印到紙上的工程隨著複印技術的進步變得容易，但在那之前，一位刺青師在真正能夠出師為客人服務之前，必須花費許多時間細心剪出由醋酸纖維製成的轉印紙。

←
一戰期間，對於許多駐紮在海外的
軍人而言，刺青不僅可用來悼念已
故的家庭成員，同時也能紀錄下旅
行異地的經驗。左頁是一位德國軍
官的刺青照，他的胸部上紋有父親
與母親的肖像，左腹附近是獵人騎
象圖。腹部上圖記錄下他派駐德屬
西南非洲的經驗。西南非洲在當時
為德意志帝國的殖民地，1915年時
被劃入南非聯邦，1990年時被重新
命名為納米比亞（Namibia）。

↗
20世紀初期水手們身上的刺青傳遞
了大量的訊息。除了美國國旗——
強烈的愛國主義象徵——與象徵
了水手老道經驗的全帆裝船（fully
rigged ship，指有三根或以上桅
杆，全部桅杆均掛橫帆的帆船，見
p.33）以外，在軍隊題材的圖樣上
常能看到一個空白捲軸，捲軸上會
紋有這位刺青者的戀人、妻子或是
母親的名字，好讓當事人能時時憶
起留在家鄉的重要人物。

→
美國在1917年向德國宣戰之舉，為
英國軍方注入了士氣，這個以戰事
為題材的醒目刺青體現了英美雙方
的同盟關係。

前跨頁圖
這張照片攝於美國加入二戰後不
久，正在為水手刺青的保羅・羅
傑斯（Paul Rogers）可說是為現
代紋身藝術開先河的人物。羅傑
斯自1932年開始投身刺青工作，
1970年時他以一棟活動屋為據點，
將之命名為「鐵工廠」（the Iron
Factory），此後他耗時18年開發
電動紋身機，他的成果讓諸如唐・
艾德・哈迪（Don Ed Hardy）（見
p.164）等當代刺青師得以創造出
精緻的圖樣，推動了刺青藝術的發
展。「鐵」（iron）這個稱呼最早
是羅傑斯用在自己的移動式工作室
上，在今日，這個稱呼成為了電動
紋身機在全球刺青店內的俗稱。

←
刺青在18世紀末期被自南太平洋歸
來的探險家重新引介至歐洲，對航
海員而言，這為紋身藝術增添了宗
教與神祕意涵。幾個世紀以來，帶
有宗教意涵的刺青圖樣特別受到歡
迎，這些圖樣被認定能保護水手們
安渡變化多端的海象。如同照片中
這位一戰期間的英國海軍軍官，許
多水手們會在身上紋下諸如聖母瑪
利亞或是天使等基督教意象的大面
積圖樣。

↗
一戰期間許多水手們紋在身上的圖
樣傳遞了邪不勝正的訊息，這些圖
樣對水手們來說，除了能為他們帶
來神聖力量的庇佑，同時也讓我們
覺察到被捲入戰爭中的各方軍隊都
堅信自己是為正義而戰。

演員蓓蒂‧葛萊寶（Betty Grable）
是二戰期間極受歡迎的夢中情人，
這張由攝影師法蘭克‧波沃爾尼
（Frank Powolny）攝於1943年、極
具代表性的照片，隨即成為刺青店
最常見的圖樣。據說葛萊寶在攝影
當時懷有身孕，這張背影照顯然是
為了要遮掩她的肚子。

儘管美國海軍禁止士兵們在身上紋
美女圖，同時也在1909年公開聲
明低級或是猥褻的刺青是軍方拒絕
新兵的理由，美女圖依舊在兩次世
界大戰期間廣受水手們歡迎。美女
圖體現了年輕大兵最思念故鄉的部
分：女性的常相伴隨。有些年輕人
會在身上刻意紋下美女圖來逃避兵
役這一點，也成為戰爭期間口耳相
傳的軼事。

↑
儘管女性相關題材的刺青圖樣觀感
不佳，美國海軍在1909年宣布：
「有意從軍的年輕人，假若身上的
刺青圖樣有變更空間，在處理後並
通過審核就能加入軍隊。」這番宣
言在刺青師之間掀起一股為低級圖
樣「添新衣」潮流，讓新兵不再因
不合格的刺青而被軍隊拒於門外。

←
20世紀初期，多數水手會選擇的圖
樣是除了能傳達他們對於海洋的敬
意，同時也能讓他們時時憶起留在
故鄉或旅途上邂逅的戀人，也因此
美人魚這個圖樣相當受到歡迎。

→
除了清涼美女圖，許多水手還會選擇鳳凰這個圖樣。鳳凰自古被看作是基督教信仰的象徵，牠鮮豔的羽毛每隔幾年會脫落並重新生長這一點，被看作是耶穌基督死亡後再度重生的象徵。水手們相信紋下鳳凰這個圖樣可以庇祐他們安渡不穩的海象。

↓
伯特・格里姆（Bert Grimm）於1912年展開他的刺青事業，在接下來的70年，他分別於芝加哥、檀香山、拉斯維加斯、舊金山、波特蘭以及美國其他眾多城市展店，自1950年代至1960年代末期，格里姆在加州長灘的紐派克遊樂園內開了一間刺青店，這間店後來成為船隻停泊於此、水手們在熱鬧的港區內停留期間的人氣景點。也因此在許多水手的身上可見出自格里姆之手的招牌清涼美女圖。

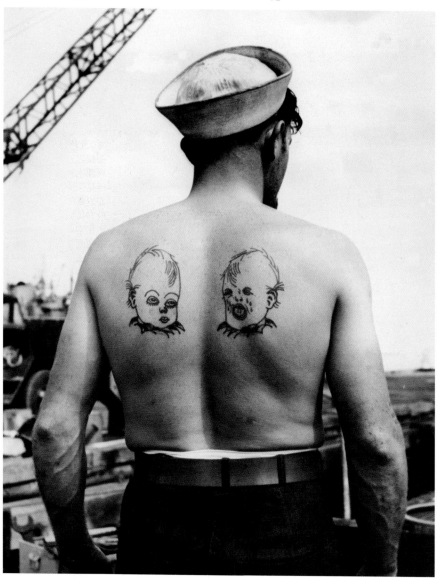

↑
在1900年代早期，分別由一哭一笑
兩個嬰兒構成的刺青常見於水手身
上。這個圖樣原先是被紋在胸部的
乳頭上方處，「sweet」、「sour」
這兩個字也同時被一併紋下。隨著
時間流逝，這個粗糙的玩笑喪失原
有意涵，而此極具代表性的圖樣也
被改紋於身體其他部位，包括像照
片中這位美國海軍軍官的背上。

次跨頁圖
刺青師波西・華特斯（Percy
Waters）在1900年代早期定居於底
特律時，建立了全球最為成功的刺
青用具事業之一，販售刺青的設計
圖、電動紋身機以及其他用具，對
象遍及全美的刺青店。華特斯的設
計在當時廣為流傳，同時也成為許
多厚臉皮刺青師的抄襲對象，更加
催化了他的設計的流行，同時也讓
本來只見於水手們身上的紋身藝術
得以觸及另一批跟航海冒險完全無
緣的族群。

←

全帆裝船為20世紀初期最受水手歡迎的刺青圖樣之一，通常這會是他們胸部或背部上最顯眼的刺青。全帆裝船不僅是帶來航海安全、庇佑水手們平安返鄉的幸運標誌，同時也意味著紋有這個圖樣的人曾航行過好望角，在南非的最南端安渡強風駭浪。這個圖樣上頭多半還會有個卷軸，宣示這個人曾航行過赤道。不過更常見的是會用以後腳站立的烏龜圖樣來傳遞這個意涵。

↓

水手們相信在手指上紋下「hold（握）」「fast（緊）」這兩個字，就能在船於大浪中翻覆之際，庇佑他們企圖穩住纏繩的手不會滑掉。這個經典的圖樣流傳至今，是重度刺青愛好者對傳統設計致敬的方式，只是他們會依個人需求來變化這四個字母。

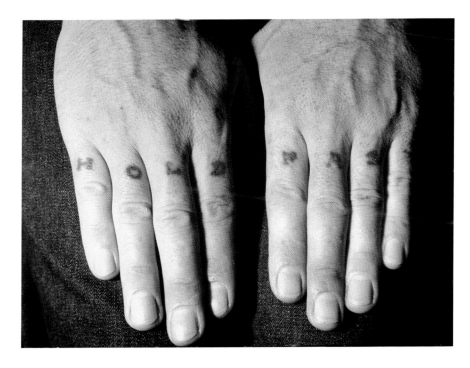

HONOLULU

74

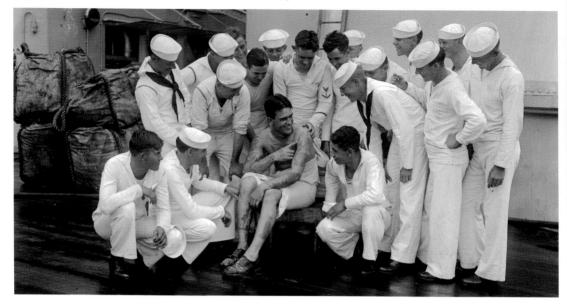

↑
對於美國海軍水手來說，刺青象徵了老道的航海經驗。在這張攝於德克薩斯號戰艦上的照片中，美國海軍特戰隊員布赫曼（Buchanan）──這艘戰艦上刺青最多的男人──正在分享他刺青背後的故事。這些刺青絕大多數記錄了他曾造訪的港口以及他曾追求過的女人。

←
在兩次世界大戰期間，許多刺青圖樣跟美國海軍陸戰隊（USMC）不無關係。頭戴鋼盔的英國鬥牛犬的出現可以上溯至1918年，當時類似的圖樣被用在美國海軍陸戰隊的募兵海報上。軍方將這隻獵犬暱稱為「地獄犬」，因為他們得知第一次世界大戰期間德軍給予敵方海軍的代號正是「來自地獄的狗」。另一方面，「寧死不屈」（death before dishonor）這句話的來源，可上溯至古羅馬軍隊，爾後被美國海軍陸戰隊採用。

→
戰爭期間在海上度過的時間多半了無生趣，對於照片中正橫渡太平洋的紐澤西號戰艦上的水手們來說也是。許多人會運用諸如以縫衣針沾黑墨水這樣的粗糙手法來為彼此刺青，以消磨時間。

鮑伯・偉克斯（Bob Wicks）（本名為Robert Ferraiolo Wicks）所設計的圖樣是刺青客熱衷收集的對象。雖然偉克斯以刺青師身分大放異彩——曾有一時他被封為「全美最年輕刺青師」，並在職涯期間與出眾的紐約藝術家查理・華格納（Charlie Wagner）（見p.85）攜手合作——但他其實是畫油畫起家的。1929年美國華爾街股災後，他因為憂心刺青這一行無法挨過經濟大蕭條，於是辭去工作，轉而投身廣告招牌畫，並且為大型電影公司以及像「皇家美國秀」等巡迴演出的表演團畫布景畫。

←
除了國旗、激烈的戰況以及與航海相關的圖樣，白頭鷹（bald eagle）在20世紀對美軍來說也是個重要的圖騰，士兵們會在身上紋下這個圖樣以示愛國。

↗
船錨是最常見於20世紀初期水手們身上的刺青之一。這個圖樣本來是用於象徵刺青者曾經橫渡大西洋。但是數年後，這個圖樣同樣也代表了這位水手曾任職水手長或是大副。船錨上頭多半會有個卷軸，上頭刺有這位水手的情人名字，或是過去他曾服役的船身圖像。1929年首度登場的卡通人物大力水手卜派強壯的上臂也紋有這個圖樣，拜此所賜，這個圖樣也因而永垂不朽。

↑
這個上頭寫著「homeward bound（歸鄉去）」的卷軸圖樣是與航海主題相關的常見刺青圖樣之一，紋下這個圖樣能為水手帶來好運，庇佑他們順利返家。這個圖樣經常會與乘風破浪前進的船，一起被大面積地紋在胸部或是背部上。

→
身穿水手服的女人、船錨以及迎風飄揚的主要同盟國國旗，這個發源於歐洲、見於20世紀初期的圖樣，納入了軍事主題刺青中訴求性最強的元素，多半見於兩次世界大戰期間愛國軍人的胸部或背部上。

←
雖然「寧死不屈」（death before dishonour）這個刺青長久以來讓人聯想到的是美國海軍，但在1960年代，這個極具象徵性的字樣卻遭受到批判。威斯康辛大學普拉特維爾分校的犯罪科學暨警察行政研究中心的理查・波斯特（Richard S. Post）在一篇發表於1968年的論文中指出，在一項針對受刑犯進行的調查中，絕大多數身上紋有這個字樣的人，過去曾違反軍紀而被迫退役。波斯特在論文中指出，身上紋有這個字樣的人難以適應軍隊外的生活，但因為他的研究對象僅限於重刑犯，也因此大幅降低這項研究的可信度。

FRENCHIE
1921

F.P. PLOURDE,
TATTOOED BY
PERCY WATERS
DETROIT.

←

這位被稱做「法國佬」的美國軍官胸部上的美國國旗、白頭鷹以及滿布他手臂上的戀人頭像，讓他儼然像是個活廣告，為軍隊中最受到歡迎的刺青圖樣代言。

→

怒吼的黑豹圖在20世紀初期相當受到軍人歡迎。黑豹圖多半被紋在手臂上或是腿上，這隻大黑貓的身體會自然地順著刺青者的肌肉形狀起伏。爾後，黑豹圖也開始見於身體其他部位，同時這個圖樣也被看做是自由的象徵。

←
相較於同時期美國的刺青設計，出
自於1920、30年代英國刺青藝術家
喬瑟夫‧哈特里之手的設計，則更
為繁複與細緻。當時哈特里與其他
刺青師使用的是單針電動紋身機，
讓他們可以紋出更為精緻的圖樣。
但缺點是有可能導致出血，而且若
是操刀者經驗不足，最後可能圖樣
的顏色會太淺並且缺乏立體感。

↑
這個軍事主題圖樣中快速帆船上方
的紅星跟「homeward bound（歸鄉
去）」這個字樣一樣，多半見於迷
信的水手身上。這個圖描繪了下錨
港灣的平穩海象，同時也是引導水
手們返家的守護標誌。圖中呈現的
是帆船的左舷側，基本上船隻都是
以這一側靠岸，當時現代化的船舵
尚未普及，這麼做可以避免撞壞位
於右舷側的轉向槳。

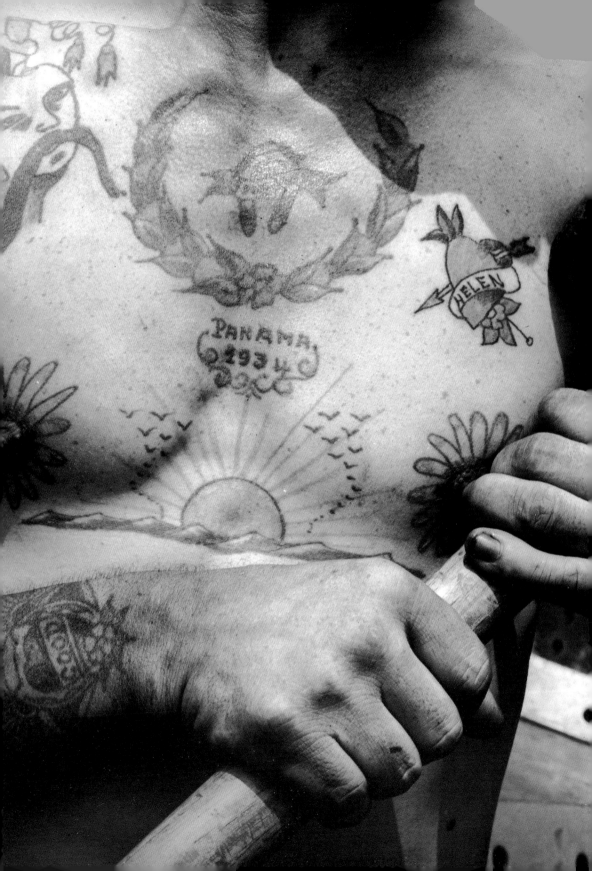

✪✪
THE GOLDEN AGE
黃金年代

雖然刺青在二次世界大戰後日漸失寵，

紋身藝術因為與軍隊以及愛國主義有著強烈連結，

也因此在 20 世紀前半廣受歡迎。

在這一段黃金年代中，

帶有異國情調的刺青暗喻著冒險與英雄主義，

為都會的勞工階級所擁抱，

因為刺青使得這些勞動者

得以忘卻單調乏味的工作與貧困的都市生活。

TATTOO

TATTOOING

TATTOO
MARKS
REMOVED

BLACK EYES
MADE NATURAL

25¢

BETTER
TATTOO
AT LOW
PRICES

GRILLO
BLACK EYE PAINTER

10¢
20¢

←

有別於今日開在鬧區、看來光鮮亮麗的刺青店，20世紀前半的刺青店多半座落於市區的破落地段，最著名的莫過於紐約市的包厘街（Bowery），許多刺青業的先驅聚集於該處開業。在那個年代，刺青店多半與理髮店共用一個店面，上門的顧客泰半是水手，他們會在理完頭髮後順便添增身上的刺青。同一時期在市區外執業的刺青師，不管是在兩旁店鋪林立的路面上或是移動遊樂園的會場中，都只能在約莫一個衣櫃大小的空間下工作，有時甚或是得在馬車上提供服務。相較之下，座落於市區的理髮店不僅能提供刺青師乾淨的工作環境、穩定的客源，同時店租也相當合理。

↑ →

在1900年代初期，許多刺青師還會提供一項名為「消除瘀青眼」的特別服務。當時打零工的勞工每天會去工地現場接工作，不想被標上會惹事生非記號的人，會設法將眼睛上的瘀青蓋掉。消除瘀青眼的過程中毋需用上針，刺青師會用熱毛巾先幫顧客的眼睛消腫，然後再用水蛭來吸取瘀青眼處的瘀血。如果這樣子還是無法消除烏青眼的話，刺青師會幫他們再上點妝，以掩蓋他們近來和人鬥毆的痕跡。

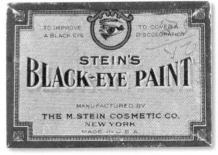

對於20世紀初期的許多刺青師來說，所謂「豬排圖樣」（pork-chop sheets）的存在舉足輕重。這些設計簡單的圖樣索價遠低於精緻的彩色圖，也成為刺青師日營收的主要來源。如果一位刺青師能利用這些快速簡單的圖樣來招攬足夠的顧客上門刺青，他們就能在晚餐時段捨棄便宜的漢堡，改以昂貴的豬排來犒賞自己。

And I can't swim a stroke!

←—→
在20世紀常見的刺青設計中，丘比（kewpie）堪稱是最為特異的圖樣之一。丘比誕生於美國詩人暨藝術家蘿絲·歐奈爾（Rose O'Neill）筆下，1909年首度現身於《女性居家生活誌》（Ladies' Home Journal），隨後亦於一系列童書中登場。丘比的長相可愛，頂著一個圓圓的肚子，頭上梳了個髮髻，臉上掛著淘氣的笑容，即便是對於最菜的刺青師來說，要將丘比重現於顧客的皮膚上亦非難事。

→
這個取材自復古豬排圖樣的設計出於奧古斯特·「凱普」·柯曼（August "Cap" Coleman）之手，他是現代紋身藝術的先鋒人物之一。柯曼在1918年於維吉尼亞州諾福克市（Norfolk）內龍蛇混雜的東大街上展店，在當時該地為一主要港口，街道上廉價酒吧與舞孃俱樂部櫛比鱗次。對於全世界各地刺青師來說，柯曼的設計直至今日依舊是能帶來極大啟發的靈感來源，這也是為何他在1973年喪命於一場意外後，至今依舊能長駐世人記憶中。

←→
「法老王的馬」（Pharaoh's Horses）
跟經典的航海主題一樣，自19、20
世紀交替之際至1970年代為止，
在刺青設計中占有一席之地。這
個圖樣多半被紋在胸膛或是後背
上，其典故出自《聖經》的〈出埃
及記〉。在〈出埃及記〉中，希
伯來人奴隸在法老王軍隊的追趕下
企圖逃離埃及，法老王最終被紅海
吞噬而喪命。「法老王的馬」象徵
了人類在面臨迫害之際，勇於反抗
的精神終將獲得勝利。這個圖樣跟
「萬古磐石」（Rock of Ages）（見
p.67）傳達了類似的訊息，在題材
上有著異曲同工之妙。

次跨頁圖
美國刺青師瑞契・敏金（Rich
Mingin）的作品帶給當代刺青師源
源不絕的靈感，但是世人對於這位
謎樣的藝術家其實所知甚少。根據
曾找敏金刺青過的人所提供的第一
手情報指出，敏金在刺青的過程中
總是默不作聲，也鮮少把自己的作
品拿來說嘴，他傾向於讓作品自己
發聲。儘管敏金沉默寡言，但他的
作品卻享有高人氣，他的客製化設
計讓他與同年代的刺青師有相當大
的市場區別性，因為與他同年代的
刺青師多半不具創造能力，只能抄
襲豬排圖樣中拙劣的設計。

12/-
FOR.
TWO

337

10/-
FOR
TWO

336

9/-
FOR
TWO.

335

FOR WORK ON THE FINGERS.....

(THE TATTOOIST DOES NOT ADVISE ANYONE TO HAVE
TATTOOING BELOW THE WRIST — BUT SOME CLIENTS
INSIST " ....

FOR FOUR LETTER WORDS THE CHARGE
IS 1/- PER LETTER !!!! ...

FOR   CHARGE IS
334   5/- PER HAND !!

←

在20世紀初期，刺青不僅是愛國主義的標誌，同時多半也記錄下軍隊的重要戰役。這個圖樣出自於英國刺青師喬瑟夫・哈特里之手，典故取自發生於1854年的「輕騎兵衝鋒事件」。當時，英軍在克里米亞戰爭中被要求拿下於戰線中撤退的俄軍大砲，但是在錯誤訊息的指揮下，本該是由俄軍背後襲擊的英軍從正面迎擊，結果造成重大傷亡。這個刺青象徵了在微乎其微的勝算下所展現出的果敢與勇氣。

→

老鷹在過去一個世紀以來在美軍的刺青界中始終享有無可動搖的地位，但是這隻百折不撓的猛禽在其他國家同樣受到歡迎。墨西哥的國徽中可見一隻正在吞噬大蛇的金黃色老鷹，也因此這個圖樣在墨西哥的刺青界一樣受到歡迎，因為對於墨西哥人來說，老鷹不僅具有宗教意涵，同時也與墨西哥首都——墨西哥市的創建息息相關。不過這個生動的圖樣同時也為墨西哥以外的刺青師所使用，包括了喬瑟夫・哈特里。在哈特里所設計的圖樣中，這個生動的鬥爭場面所傳達的意涵是邪不勝正。

←↓→

自紋身藝術的黎明期以來，猛獸一直是勇氣與力量的象徵。好幾個世紀以來，老虎這項元素在西方刺青界中人氣始終不墜；另一方面，在20世紀初期獅子也是另一個人氣選擇，因為在基督教教義中叢林之王象徵的是上帝與基督。

↓
儘管刺青風潮在貴族之間已經銷聲
匿跡，但在1920年代晚期，上流階
級女性之間曾掀起過一股短暫的刺
青熱潮，她們會在眼皮上紋下極小
的花朵或是蝴蝶圖樣。照片中這位
女性正在英國一間刺青店中接受刺
青，刺青師手上的針危危顫顫地遊
走在她的眼周。

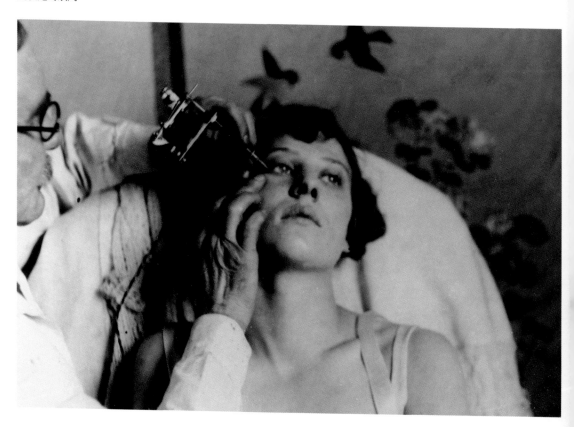

→
英國刺青師喬治・伯切特自1890
年至1953年為止始終活躍於第一
線，他的刺青職涯橫跨了兩次世界
大戰，見證了刺青的流行與退燒，
同時他既為皇室也為平民老百姓服
務。在1930年代他經常接受報紙採
訪或是現身於廣播節目，獲得了英
國最著名刺青師的封號。1938年他
受BBC之邀，在現場直播的節目上直
接在觀眾身上施展手藝。對許多英
國民眾來說，這場表演讓他們在人
生中首度見識到何謂紋身藝術。

次跨頁圖
在1900年代初期，名片是最常為刺
青師拿來打廣告的手段，為了在競
爭中勝出，他們會在名片上放上最
吸睛的作品。在今日，這些復古的
刺青師名片成了收藏家爭相蒐集的
對象，特別是查理・華格納、C.J.艾
迪或是「水手傑瑞」等著名刺青師
的名片。

FRANK'S RIFLE RANGE   SHIRLEY'S PHOTO BOOTH

Bob's Arcade
EXPERT TATTOOING
BY
"BUSS" AND "FRISCO BOB"
407 - 12th Street - Oakland

NAVAL TAILOR   BALL GAME

OAKLAND'S FINEST TATTOO STUDIO

"DOC WORONUK"
Expert Tattoo Artist
Fun Center

1012 BROADWAY   OAKLAND

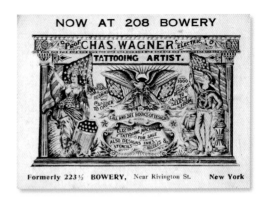

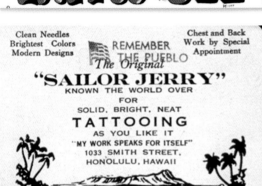

E. C. KIDD [TATTOO ARTIST]

"Meet me face to face"

4 Embarcadero - San Francisco

「萬古磐石」（Rock of Ages）也被稱做是「水手的十字架」（Sailor's Cross），是一個經典航海圖樣。在基督教教義中這塊岩石是聖潔生命的基石，也因此在身上紋下這個圖樣象徵著自身的基督教信仰。一項流傳於水手之間的傳統是，他們會在肩胛骨之間紋下具基督教象徵的圖樣，如此一來，當他們在受罰接受鞭打之際，行刑者會因為不願意揮鞭在與上帝相關的圖樣上而手下留情，也因此「萬古磐石」多半會被紋在整個後背上。

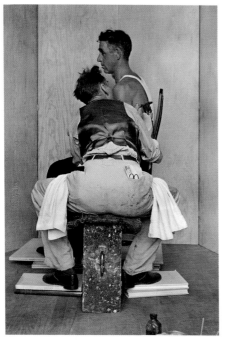

出自諾曼‧洛克威爾（Norman Rockwell）之手的畫作《刺青師》登上了1944年3月4日出刊的《週六晚郵報》封面，開啟了美國主流媒體首度大篇幅報導紋身藝術的先河。一如自身絕大多數的作品，洛克威爾在創作這幅畫作時一樣先布景拍照做為作畫時的參考。照片中擔任刺青師角色的是另一位同為《週六晚郵報》（The Saturday Evening Post）畫插畫的畫家，水手則是由住他家隔壁的鄰居擔綱演出。照片中的電動紋身機是向紐約刺青師艾爾‧內威爾（Al Neville）商借來的，內威爾同時也給予了洛克威爾建議，幫助他的畫作盡可能貼近現實。

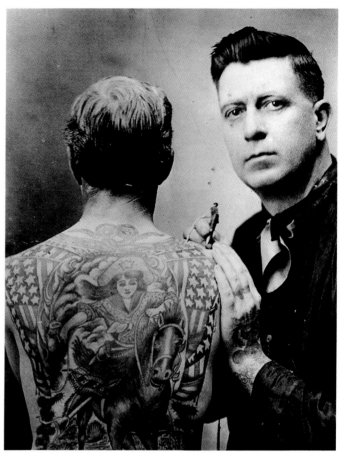

刺青師班·寇迪（Ben Corday）是20世紀初期刺青界的一位巨擘，這個稱呼不僅來自他的影響力，同時也跟他的體型有關。寇迪出生於英國蘭開夏郡，成年後泰半時間都在美國度過，在美國以刺青師打響名號以前，他曾任職過雜耍團的大力士、軍人、摔角選手、旅館門房以及演員。寇迪最為著名的設計是一位騎在馬背上、被美國國旗所環繞的女牛仔，通稱「安妮·歐克麗背部大圖（Annie Oakley back piece）」。這個設計圖被譽為是彰顯了美國精神的重要典範，同時也持續為今日的刺青師帶來啟發。

Ben Corday

LATE OF THE "GUARDS"

Formerly the Tallest Soldier
in the British Army

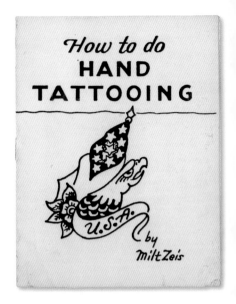

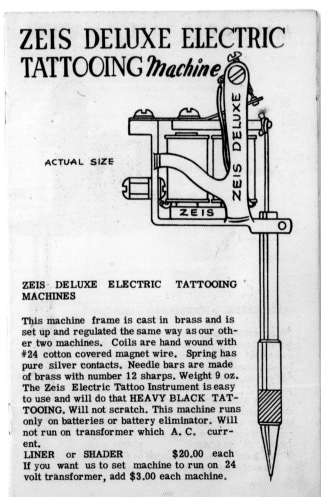

ZEIS DELUXE ELECTRIC TATTOOING *Machine*

ACTUAL SIZE

ZEIS DELUXE ELECTRIC TATTOOING MACHINES

This machine frame is cast in brass and is set up and regulated the same way as our other two machines. Coils are hand wound with #24 cotton covered magnet wire. Spring has pure silver contacts. Needle bars are made of brass with number 12 sharps. Weight 9 oz. The Zeis Electric Tattoo Instrument is easy to use and will do that HEAVY BLACK TATTOOING. Will not scratch. This machine runs only on batteries or battery eliminator. Will not run on transformer which A.C. current.
LINER or SHADER $20.00 each
If you want us to set machine to run on 24 volt transformer, add $3.00 each machine.

米爾頓‧蔡斯（Milton Zeis）在9歲時被父親帶去一艘內河船上去參觀雜要表演，這是他首度接觸刺青的經驗，同時自那一天起，他便為刺青的魅力所傾倒。蔡斯在年輕時以座落於伊利諾州羅克福德的「蔡斯工作室」為據點，透過郵購建立事業。20年來他以全美的刺青師為對象販售刺青設計圖、染劑與紋身機。1951年他開發了一套自學課程，這套課程共有20課，要價125美元。蔡斯所開發的這套課程啟發了許多正在起步的刺青師去實驗各種技巧，也使得蔡斯在西方刺青界中成為一位影響深遠的人物。

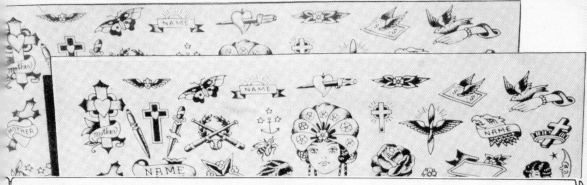

ZEIS STUDIO BEGINNER'S TATTOO OUTFIT

ALSO IDEAL FOR DOCTORS, BREEDERS, LABORATORIES, UNIVERSITIES, AND FISH HATCHERIES

ZEIS STUDIO (Tattooing Equipment) 728 Lesley Ave., Rockford, Ill.

IF YOU CAN WRITE OR TRACE WE GUARANTEE THAT YOU WILL BE ABLE TO DO GOOD TATTOOING **WITH THIS TATTOO OUTFIT**

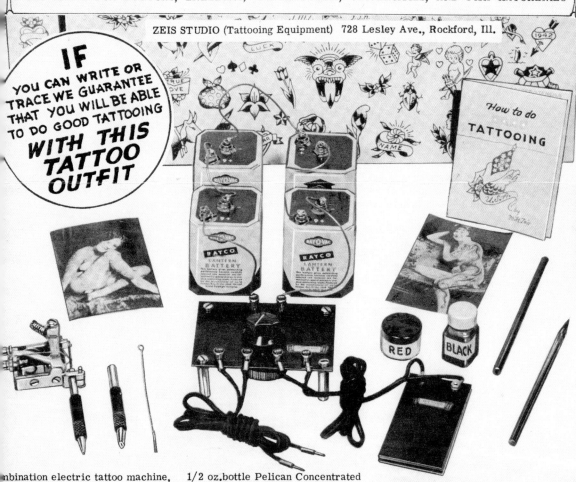

How to do TATTOOING

...nbination electric tattoo machine, ...outlining and shading is done by ...ging the tube and needle bar.

...er machine)	$20.00
...er tube	3.50
...er needle bar	1.50
...ecting cord	2.00
...switch	5.00
...hboard with rheostat	10.00
6 volt dry batteries .90 @	3.60

1/2 oz. bottle Pelican Concentrated black ink	1.25
1/4 oz. jar light red tattoo color	2.00
1 large sheet of designs (16 x 20'') each design a proven money getter 75 designs	3.00
Extra sheet of designs for stencils FREE	
1 stencil pencil	.50
Two post card photos	.50

1 instruction and guarantee you will do good tattooing with this outfit.

$52.85

Your price now for a short time only $49.75

To Doctors, Breeders, Laboratories, Universities, and Fish Hatcheries, only $43.75. We will not send designs, red color, stencil pencil, and photos.

☆☆☆
ROLL UP! ROLL UP!
看過來！看過來！

除非曾服役於軍中或是曾住在大城市的不毛地段，

20 世紀初期前半絕大多數的人

——特別是那些住在小城鎮或是鄉村地帶的居民——

基本上不會有機會接觸到紋身藝術。

對鄉下人來說，當巡迴演出的馬戲團

或是移動遊樂園來到小城鎮時，

目睹馬戲團成員或是身上有刺青的畸形人那一刻，

多半會是他們生平第一次接觸到帶有刺青人體的經驗。

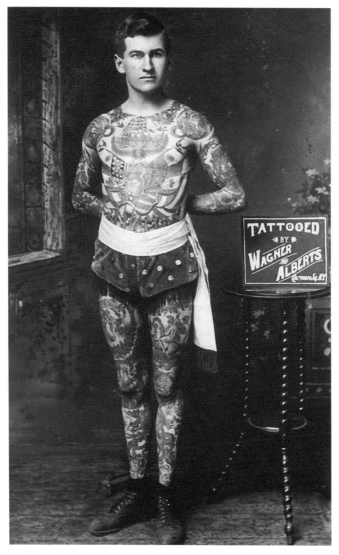

「無痛」傑克‧泰倫（"Painless" Jack Tryon）又名三星傑克（Three Star Jack），在20世紀初期讓身為刺青界傳奇的紐約刺青師查理‧華格納與盧‧艾伯（Lew Alberts）為他刺青，受封為「全世界刺青紋得最美的男人」，泰倫也因而迅速在全美成為雜耍表演上的招牌。但在1910年，他決定轉換跑道自己當刺青師。在往後的日子，泰倫聘僱了推動西方刺青界發展的重要推手——刺青師鮑伯‧蕭（Bob Shaw）在他店內工作。

ORIGINAL TATTOOED LADY

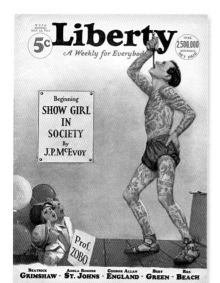

← 因為都市以外泰半的民眾基本上沒有機會接觸到紋身藝術，深具商業頭腦的出版商於是便參考了巡迴雜耍團的成功案例，讓刺青現身於書報攤上。以一般大眾為讀者群的美國週刊《自由》在1950年代的銷售量僅次於《週六晚郵報》，這份週刊的出版商隨即察覺到鄉村讀者對於紋身藝術的興趣，於是便企劃了封面故事，故事中介紹了一位身上有大量刺青的男子（應該是以「無痛」·傑克·泰倫為靈感），他正以吞劍在取樂一群看得瞠目結舌的孩童。

↑ 儘管艾琳·伍德沃（Irene Woodward）是否為歷史上第一位進行人體刺青展示的女性這一點至今依舊有爭議，但從可上溯至1882年的跡象顯示，她確實是第一位藉由展示身上的刺青來維生的女性。伍德沃所使用的藝名是美人艾琳，她曾對觀賞雜耍的觀眾吹牛皮，說自己以前定居於德州的危險西部地區，是為了要躲避美國原住民戰士的熱情追求，才在身上紋了那麼多刺青。但是實際上，伍德沃身上大面積的刺青是出自於紐約著名刺青師之手，包括查理·華格納以及發明了電動紋身機的塞繆爾·奧瑞利。

↑
如果要宣傳雜耍團或是馬戲團中受到歡迎的人體刺青展示，一個方法是大型廣告看板，上頭會拙劣地繪有人體刺青展示者的圖像。另一個方式是由負責攬客的人去向路人遊說，極力宣傳掏腰包進雜耍團看人體刺青展示的種種好處。

←
貝蒂・布洛本（Betty Broadbent）是全美最著名的人體刺青展示者，她會踏上這條路的契機在於14歲時於大西洋城結識了全身滿是刺青的傑克・瑞克勞（Jack Recloud）。瑞克勞身上的刺青讓布洛本大開眼界，於是她讓瑞克勞把自己引介給幫他刺青的刺青師——查理・華格納。在接下來的幾年，她讓華格納與其他諸如像喬・凡・哈特（Joe Van Hart）、東尼・萊尼基（Tony Rhineagear）和瑞德・基本（Red Gibbon）等刺青師在她身上紋下了560個以上的圖樣。布洛本在今日被譽為是女性主義代表，因為她參加了舉辦於1939年國際博覽會期間的第一場電視選美秀。即便布洛本知道自己在這一場競賽中勝算不大，但她為了挑戰傳統對於女性美的觀念，還是決定參賽。

→
對於許多雜耍團的男性觀眾而言，觀賞女性人體刺青展示最大的樂趣不在於她們身上五顏六色的紋身藝術。要進行人體刺青展示必須脫掉大部分衣物，在這樣的行為依舊相當具爭議性的年代裡，男性們是衝著這一點蜂擁至巡迴雜耍團去觀賞年輕女性展示自己的身體。

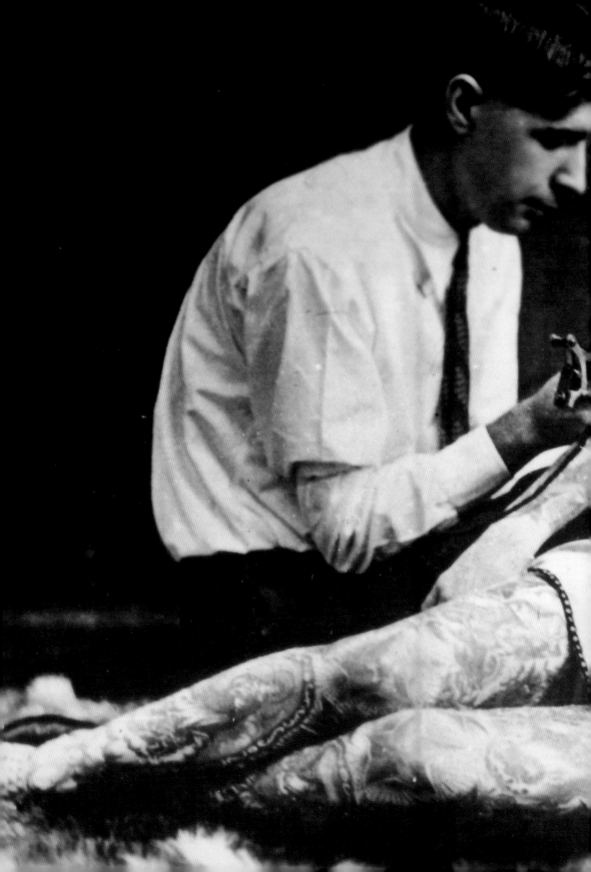

前跨頁圖

迪菲・葛拉斯曼（Deafy Grassman）
在1920年代晚期為自己的太太史
黛拉刺青，史黛拉本身也是人體刺
青展示者，但她和莫德・華格納
（Maud Wagner）、崔西小姐（Miss
Trixie）、薇拉夫人（Lady Viola）
等其他人體刺青展示者一樣，在
雜耍團和馬戲團工作期間自學刺
青，自全身滿是刺青的怪胎躋身為
專業刺青師。史黛拉以刺青師身分
在費城、紐約與羅德島等地的美容
院工作，同時她也是玲玲馬戲團
（Ringling Bros and Barnum & Bailey
Circus）的成員之一。

↓↘

儘管史東尼・聖克萊爾（Stoney St.
Clair）並未接受過任何專業訓練，
他的設計對現代刺青界來說有著極
為深遠的影響力。唐・艾德・哈
迪這位被譽為在1970年代將紋身
藝術推向主流的重要刺青師（見
p.164），曾於1980年代《史東尼
有一套》（Stoney Knows How）這
部紀錄片拍攝之際拜訪聖克萊爾，
並請他在自己身上刺青留念。在封
閉的刺青界中，這樣的行為堪稱是
一位刺青師對於同業所能致上的最
大敬意。

→
史東尼・聖克萊爾幼年時罹患了
類風濕性關節炎，因而往後的歲
月被迫待在輪椅上度過。他在15
歲時加入馬戲團表演吞劍，但在
接下來的12個月中他自學刺青，
往後的50年他便以刺青師身分
在全美各地工作。聖克萊爾跟另
一位同樣在20世紀初期身為著
名雜耍團畸形人的迪克・希爾本
（Dick Hilburn）一樣，他們將刺
青做為武器，讓自己免於必須在
大眾面前展示自身缺陷以糊口的
恥辱。聖克萊爾現在在刺青藝術
史上名列最出色的刺青師之一。

RASMUS NIELSEN
BLACKSMITH
ANGELS CAMP.

LIFTING 250 LBS.
BY HIS BREASTS

雖然在雜耍團為人體刺青展示開先河的是男性──人體刺青展示的第一人是約翰‧魯特福（John Rutherford），時間點約莫可上溯至1833年。魯特福宣稱他身上的刺青是被毛利族逮住所紋下的──但是男性的人體刺青展示自世紀交替之際、女性也開始登場後逐漸受到冷落。這些男性人體刺青展示者為了保住工作，被迫冒險去學習新的才藝以驚豔觀眾。這個時期最著名的一位男性表演者是拉斯摩‧尼爾森（Rasmus Nielsen）。尼爾森本是出身於舊金山的打鐵匠，因為前來觀賞他身上刺青的觀眾人數日漸萎縮，在這種令人沮喪的狀況下，他在胸膛上開了個洞藉此來拉起重達110公斤（250磅）的打鐵砧。

RASMUS NIELSEN Scandinavian STRONG MAN

LIFTS AN ANVIL BY HIS BREASTS

RASMUS NIELSEN
blacksmith
LIFTING 150 LBS.
BY HIS BREASTS

在20世紀初期，現代科學與基因學
的發展有了長足進展，這意味著傳
統的畸形人將逐漸自雜耍團中銷聲
匿跡，因為受到教育的民眾不願去
對他人身上的生理缺陷指指點點。
於是「畸形人」的空缺便迅速被人
體刺青展示所填補，1900年代在身
上大量刺青以便於表演產業中爭取
一席之地的人數也因而急速攀升。

→
雜耍團的刺青人體展示者史蒂芬・華格納（Stephen Wagner）身上大面積的刺青是出自她的父親查理之手。查理過去曾是塞繆爾・奧瑞利的門徒。

↓
根據身兼美國作家、民俗學者與刺青歷史學者多重身分的艾倫・B・加文納（Alan B. Govenar）的推算，在1932年全美約有300位人體刺青展示者在雜耍團或是馬戲團中工作。儘管靠身上的刺青這件事吃飯是一項嶄新的行業，卻也能帶來穩定收入。隨著身上刺青的表演者人數與日俱增，表演者的平均收入也隨之減少。這種現象意味著觀眾對於新奇演出需求的提升，包括像是夫妻檔的共同展示，或是在展示過程中加入馬戲團的雜技與動物。

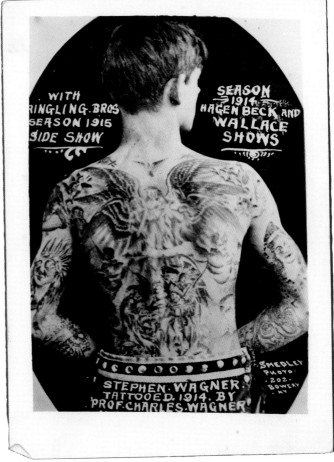

86頁
查理・華格納（Charlie Wagner）以刺青師身分在紐約工作超過半個世紀，他為50位以上在美國享有高知名度的人體刺青展示者紋身，當中包括了貝蒂・布洛本、米綴・赫（Mildred Hull）與查爾斯・桂達（Charles Craddock）。不過，華格納對刺青史的貢獻不僅止於此，他在1904年為自己開發的電動紋身機申請專利，這台電動紋身機改良了塞繆爾・奧瑞利所發明的電動紋身機，基本上與現代所使用的電動紋身機差異不大。華格納逝世於1953年，當時他工作室內所有的物品，包括他親手打造的電動紋身機以及刺青設計原稿全都進了掩埋場，就此失傳。

87頁
紐約包厘區的且林士果廣場（Chatham Square）在20世紀初期是全球刺青店最大的集散地。但因為且林士果廣場所有的刺青師都是男性，客群的絕大多數也是男性的關係，刺青店成為相當陽剛且不歡迎女性的環境。但是米綴・赫卻在這個地區以刺青師身分工作，挑戰包厘區的大男人主義，最後更於1939年開了自己的刺青店。她絲毫不畏懼醉漢或是眼紅的同業的嗆聲，也無懼於跟他們拳腳往來。赫的作品可見於當時許多著名的雜耍團人體展示者身上。

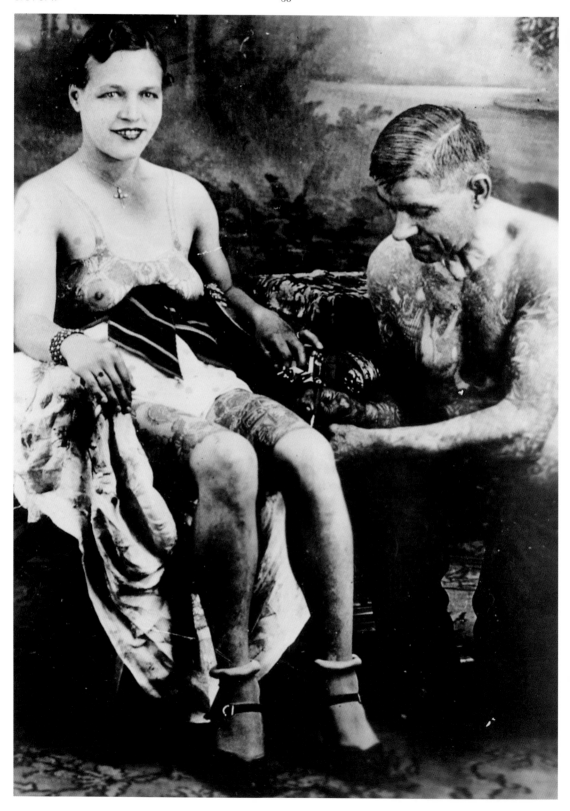

←
大歐米（The Great Omi，本名為何
瑞斯・萊德勒〔Horace Ridler〕）在
20世紀中葉於倫敦、巴黎、紐約、
澳洲與紐西蘭等地進行人體刺青展
示，在當時相當受到歡迎。萊德勒
是出了名的愛吹牛皮，他謊稱自己
1892年出生於富裕的英國家庭，後
來加入英國陸軍，直到第一次世界
大戰結束後才退役。萊德勒在1922
年決意投身表演事業，並且接受刺
青以便找到人體刺青展示的工作。
但因為不滿收入微薄，他在1927年
找來喬治・伯切特在他全身紋滿粗
線條的斑馬條紋。改名為大歐米的
他，後來在當時較大的馬戲團找到
收入豐沛的工作。

→
雅各・凡定（Jacobus Van Dyn）出
生於南非，他臉上繽紛的刺青看起
來彷若移動遊樂園的遊樂設施，但
據他本人描述，他的成長背景可是
一點都不歡樂。儘管真實性存疑，
過去他曾定期現身倫敦海德公園的
演說者廣場，發表自己過去在惡魔
島監獄與星星監獄等各大監獄服刑
的經歷，以及過去如何在軍火走私
犯艾爾・卡彭（Al Capone）的手下
工作。凡定身上的刺青全部出於自
己的設計，在20世紀中葉，他公開
聲明要出售死後自己滿是刺青的腦
袋、歡迎意者競價，這項聲明使得
他登上了新聞頭條。

←
雖然米綴‧赫在20世紀初期留在世人印象中的是紐約包厘區唯一的女性刺青師，但其實她也時不時會在雜耍團中登場，透過紋身藝術來娛樂看得瞠目結舌的群眾。

→
右圖是德國一個雜耍團中雙人表演組合的廣告。和美國一樣，在20世紀初期德國境內的雜耍表演相當興盛。雜耍團不僅讓紋身藝術在歐洲擴散，就西方刺青史來看，這些表演的存在相當關鍵，因為這些表演者讓馬丁‧希德布蘭特（Martin Hildebrandt）得以磨練手藝。希德布蘭特日後移居至美國，同時也成為全美第一位專業刺青師。他的女兒諾拉（Nora）也是女性人體刺青展示的先驅者之一。

1946
–
1969

1946 — 1969

第二次世界大戰結束後，納粹軍在集中營囚犯身上紋下粗糙編碼的相片被公開，為紋身藝術帶來重大打擊。

　　第二次世界大戰結束後，刺青的社會觀感再度生變，西方社會大多數的群眾對刺青變得避之唯恐不及。在美國，戰後快速的經濟成長使得中產階級人口攀升，這個現象更加深了對於紋身藝術的排斥。在這一段經濟成長期間，一般美國家庭的消費能力相較於前一個世代提升了30%，有錢的美國人為了尋求安全，開始搬離髒亂破敗的市中心，往新興發展的近郊落腳、生兒育女。

　　中產階級的移動為市中心帶來了重大的影響，像紐約包厘區這樣過去熱鬧非凡、有許多刺青師展店的地區變成了貧民窟，住在該區的酒鬼或是窮困潦倒的人根本沒有接受刺青的經濟能力。

　　另一方面，太平洋也不再是軍事活動據點，出海的人數驟減，在上岸休息期間會把薪水花在刺青的人數也大幅降低。在軍事活動期間，像韓戰（1950～53）就是一個明顯的例子，在身上紋下有愛國象徵刺青的士兵與水手人數在短期內顯著提升，但隨著選擇海上工作的男性人口以及在軍隊中長期服役的整體機會下降，對於刺青的需求也驟減。許多退役者也發現，在戰爭期間被看做是英雄主義象徵的刺青，在進入和平時代後，在雇主的眼裡看起來卻是很粗野、一點也不討喜。也因此，許多人在選擇刺青前變得相當慎重。

　　刺青的名聲在1940年代受到重大打擊，原因是當時納粹集中營的照片被公開。照片中獲釋的囚犯身上可見粗糙的編碼刺青，對於許多西方世界的人而言，這個駭人的影像使得他們產生一種刺青與邪惡息息相關的印象，因而也讓這項藝術蒙上了陰影。

在這一段時期，彬彬有禮的社會容不得刺青的存在，
但是幾位關鍵的藝術家，也正同時在為今日市場潛力高達
數百萬美金的刺青產業鋪路。

　　除了業績一落千丈，對於刺青的反動也可見於在法規上
針對刺青店的制裁。在兩次世界大戰期間，歐洲與美國政府當
局對刺青行為雖然心懷警戒，但由於許多人是出於愛國心而刺
青，所以只能睜一隻眼閉一隻眼，也因此要規範刺青產業並非
易事。但當時代重返和平後，健康與安全規範隨即變得相當嚴
格，這使得許多在戰爭期間經營得有聲有色、但是工作環境與
條件不佳的店家關門大吉。

　　在刺青被主流文化拒於門外的同時，社會邊緣人以及對
社會心懷怨懟的人將刺青視為榮耀的標記，同時刺青也為那些
被社會所排擠的族群帶來歸屬感。隨著犯罪者刺青的比例攀
升——特別是出身於拉丁美洲的加州囚犯——更加深了社會大
眾對這項身體藝術的不信任感。同時，不法的重機車手跟都會
黑幫成員身上可見的挑釁刺青圖樣，讓奉公守法的中產階級將
刺青視為一種脫軌的標記。

　　雖然刺青的社會評價降到最低點，在同一時期大西洋兩側
的藝術家正在幕後默默努力，好讓這項藝術形式得以進步，同
時亦改善刺青產業的工作條件。在這一段時期，彬彬有禮的社
會容不得刺青的存在，但是幾位關鍵的藝術家，也正同時在為
今日市場潛力高達數百萬美金的刺青產業鋪路。

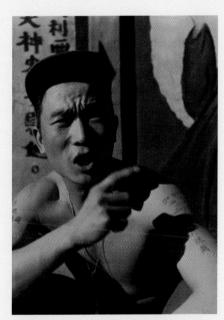

韓戰結束後，許多中國與北韓的戰俘宣稱他們
在美國與南韓策劃的「再教育訓練」期間被迫
紋下反共產黨的刺青。

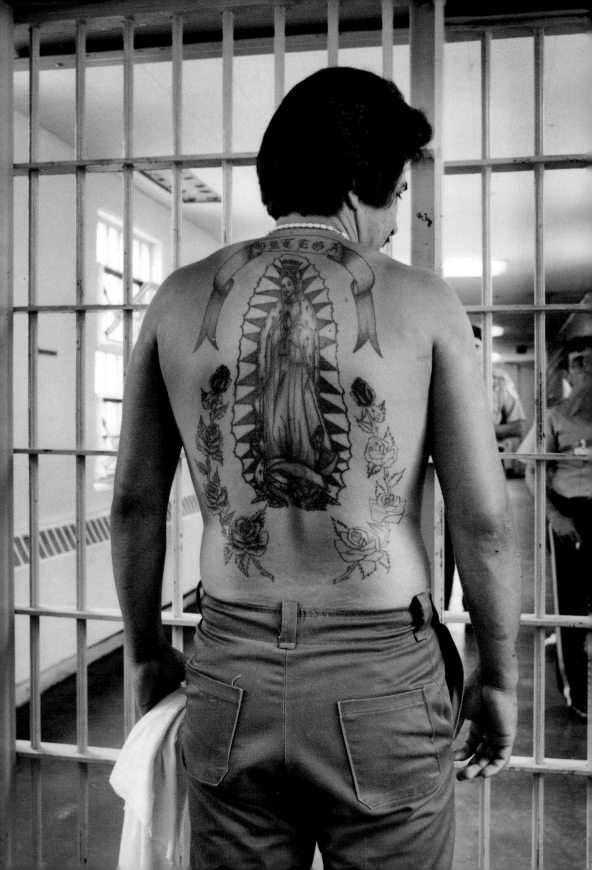

☆

INK FROM THE CLINK
來自監獄的刺青

儘管西方社會在第二次世界大戰後

與紋身藝術漸行漸遠，

刺青在監獄中卻依舊持續蓬勃發展。

意象強烈的圖樣，為監獄裡頭的幫派成員們

建立起團體歸屬感，不知不覺間，

囚犯們在刺青時所運用的

原始技法以及替代性墨料，

為今日西方世界最受歡迎的

現代黑灰寫實風格奠定了基礎。

↑

紐約市的包厘區在 20 世紀初期是美國
著名的刺青師的集散地，然而在第二次
世界大戰後，相較於市中心，中產階級
更嚮往新興的郊區生活，包厘區因而急
遽蕭條。現在包厘區在紐約是酒鬼以及
社會邊緣族群勉強糊口的貧民窟，許多
刺青店因為當地居民不具備負擔刺青的
經濟能力而關門大吉。在戰爭結束後，
許多身上帶有刺青的美國退役軍官在找
工作四處碰壁的狀況下，最後只能落腳
包厘區，在破爛的小餐館或是救濟貧民
的流動廚房工作。

→

在1940年代的美國，社會大眾對於刺
青的評價在「舊金山阻特服套裝暴動」
（Los Angeles Zoot Suit Riots）期間急
轉直下。在這段期間，美國水手跟海軍
陸戰隊士兵與拉丁美洲裔的年輕人之間
常發生激烈的街頭鬥毆。鬥毆背後的理
由相當複雜，一個原因是美國軍人間瀰
漫著對拉丁美洲裔青少年的仇視氛圍。
儘管當時因為戰爭期間物資短缺而造成
棉花的供給受限，美國軍人還是看不慣
在拉丁美洲裔青少年之間流行的帕丘哥
（pachuco）次文化影響下，這些青少年
身上所穿名為「阻特服」的招風外套與
鬆垮褲子。墨西哥裔年輕人以及其他身
穿阻特服的少數種族在當時飽受歧視，
也因為這些青少年身上多半紋有在拉丁
文化中帶有特殊意涵、出自業餘之手的
刺青圖樣——比方像照片正中央這位名
為保羅・艾希瓦多（Paul Acevedo）的少
年身上的圖樣——帕丘哥風格被中產階
級美國人視為脫軌的標誌。

← 墨西哥黑灰（奇卡諾，chicano）風格（這個名詞在1960年代帕丘哥次文化逐漸衰退之際開始被墨裔美籍族群使用）發源自加州的西班牙社群、德州與新墨西哥州。在傳統上，墨西哥黑灰風格只用黑色色料，刺青師會運用細緻的線條紋出像是基督或是瓜達露佩聖母（Nuestra Seora de Guadalupe）等招標圖樣。雖然「奇卡諾」這個字眼以及與這個次文化息息相關的刺青風格，並未完全與犯罪畫上等號，但黑灰寫實風格刺青自1940年代起開始廣為拉丁美洲族群接納，這樣的刺青絕大多數象徵的是幫派身分，並且傳遞了祕密訊息。照片中這位囚犯眼睛下方的淚珠代表著他是殺人犯，十字架則多半意味著這個人所殺害的對象不下十人。

↓ 美國的受刑犯一直到1960年代為止多半受到了種族隔離。當時監獄上級實驗性地隔離受刑犯後，許多受刑人便開始自發性地以人種開始區分彼此，在加州的聖昆丁州立監獄內，雅利安兄弟會（Aryan Brotherhood）這一類白人至上主義的幫派組織也開始發展起來。雖然許多誕生於監獄的刺青圖樣在今日確實讓人聯想起白人至上主義，但是上述這種對於種族純化更為強烈的訴求，過去在美國監獄中曾一度是家常便飯。

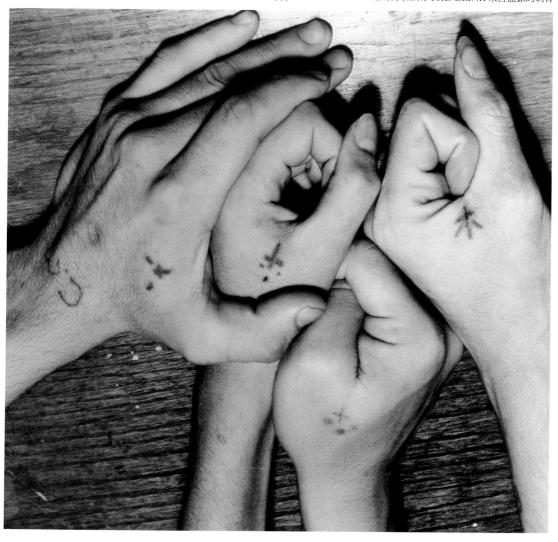

↑
墨西哥黑灰風格刺青傳遞了大量訊息，
刺在手上或是眼周的三個點象徵的是
「Mi Vida Loca」，意思是「我的瘋狂
生活」——用於表現幫派成員的刺激生
活——但同時也帶有宗教意涵，象徵了
三位一體。簡單的十字架再搭配三個點
或線的圖樣被稱做是帕丘哥十字架，是
墨西哥黑灰風格的幫派刺青中最常見的
圖像。這個圖樣多半被紋在大拇指與食
指之間。

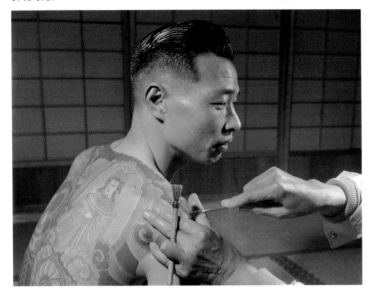

← 在19世紀末期日本政府為了向西方世界宣揚自身的文明程度，於是便禁止刺青，因為他們認為這項藝術會讓人聯想到未開化。也因此在往後的50年，日本最為優秀的刺青師被迫轉往地下發展。在這段暗黑期，為他們帶來穩定收入來源的是日本境內的暴力組織集團成員。1948年日本在受美軍占領指揮期間，刺青轉為合法化。但即便刺青變得合法，大眾依舊戴著有色眼鏡，紋身藝術也始終無法與犯罪完全脫離關係。在今日，日本的許多幫派成員依舊會在身上紋上大量刺青以明示身分。左邊這張照片攝於1946年，可見黑道成員身上有著精緻的全身刺青。

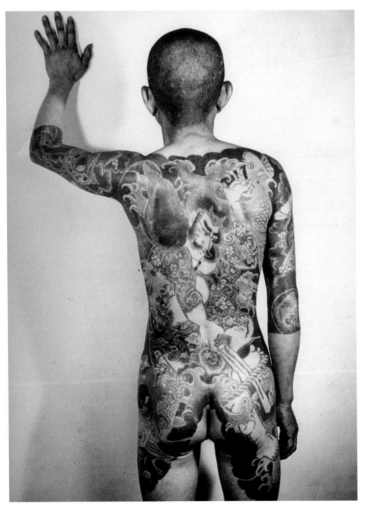

← 在日文當中刺青被稱做是「入墨」（irezumi），簡單來說意為裝飾身體。日本的紋身技法被稱做是「手彫」（tebori），是運用竹枝以手工方式將色料刺進皮膚中。刺青師傅手持外型狀似撞球桿的竹枝，透過反覆戳刺的動作將色料刺入身體裡。這項手法的歷史悠久，同時相較於現代的各種紋身器具，還可以更有效地控制陰影效果。

→ 日本刺青師內田德光，正在用一台由電鑽改裝的自製電動紋身機勾勒一幅全背刺青的輪廓。

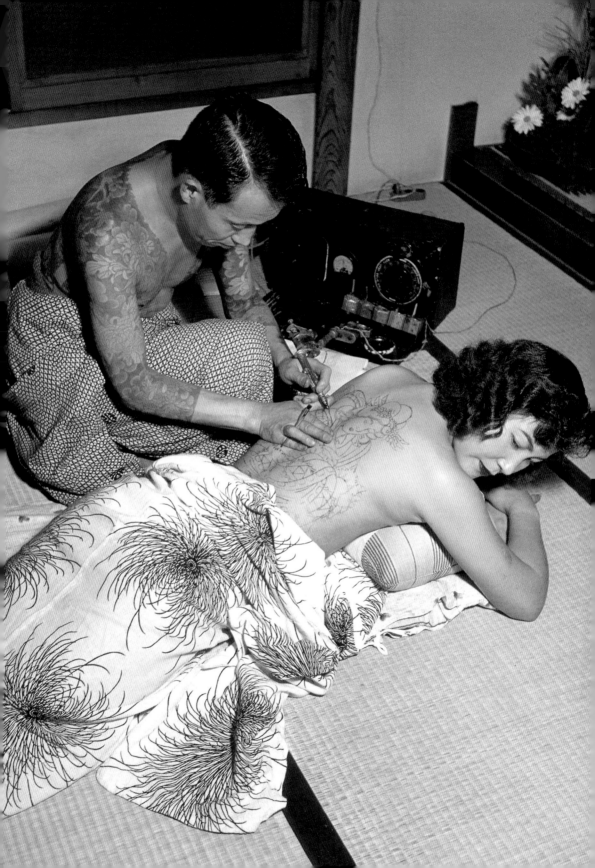

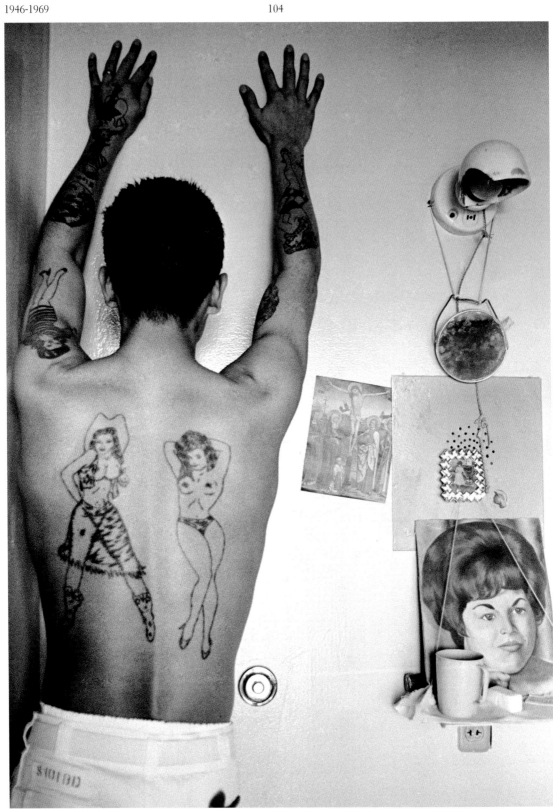

←
照片中是1968年在德州亨茨維爾
（Huntsville）的監獄中一位被查房
的受刑人。當時DIY式的黑灰寫實
風格刺青在美國監獄大為風行，低
俗的美女圖相當受歡迎。

→
第二次世界大戰結束後，刺青的評
價逐漸往下坡走，大西洋兩岸的報
社也致力於將刺青與犯罪之間建立
連結。這位名為伊涅茲・芮（Inez
Wray）的26歲女性的照片被攝於
1946年，為她拍攝的攝影師堅稱當
時是她執意要將袖子捲起來秀出身
上的刺青。日後，這張將刺青污名
化的照片，被用於她在加州威明頓
搶劫一位水手的報導上。

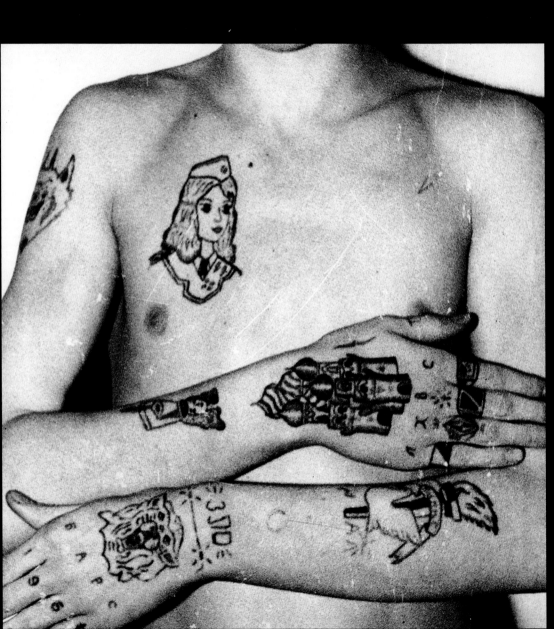

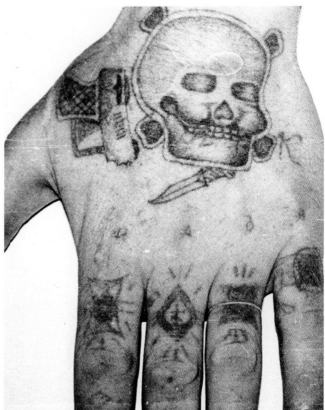

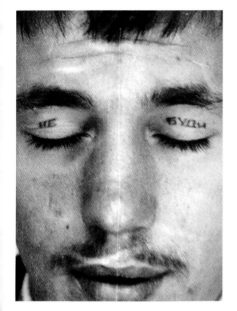

← 美國罪犯的刺青或許在西方世界中，在推動紋身藝術進步的面向上扮演了舉足輕重的角色，但是俄國的監獄刺青同樣也占有一席之地。俄國自17世紀晚期開始在罪犯、流浪漢或是有社會適應問題等等，無法順利融入主流社會的族群身上刺青或是做標記。然而到了19世紀，俄國的囚犯開始掌握主導權，自己在自己的身上刺青。他們在階級分明的監獄系統中，將原本是恥辱象徵的刺青轉化為宣揚囚犯身分的榮譽標誌。

↖ 在俄國監獄中，臉上紋有刺青這一點，多半象徵了這個人已經放棄在下半輩子有機會獲釋重返社會，他們的眼皮上常見有「別喚醒我」這樣的字樣。要在眼皮上紋字之前，業餘刺青師會先在薄薄的眼皮下墊入金屬湯匙，這樣針才不會刺到眼球。

↑ 對於俄國監獄的受刑人來說，刺青是一項相當重要的儀式，許多人會選擇在手指頭或是身上其他顯而易見的部位刺青，以彰顯他們在犯罪者的地下社會中享有崇高地位。

All photographs pp106-107
© Arkady Bronnikov / FUEL.
Russian Criminal Tattoo Police Files.

↑
在1950年代初期，俄國監獄的竊盜犯，習慣在指關節上紋上圓點或是十字架以表身分，但若是為了想享有特權而紋下名實不符的刺青，被抓包後的懲罰可是絲毫不留情。好一點的話，這個惹事生非的刺青頂多是被用砂紙或是刮鬍刀給抹掉，但假設是企圖利用刺青在階級分明的監獄中矇混到最頂層的話，則有可能被雞姦或是被做掉。

→
這位受刑犯手上精細的刺青傳達了他在蘇維埃政權下受的苦，紋在他左臂上的文字意思是：「共產黨員，舔我的老二以賠償我被搞砸的青春」。

All photographs pp108-109
© Sergei Vasiliev / FUEL.
Russian Criminal Tattoo
Encyclopaedia.

次跨頁圖
如同西方世界的監獄刺青，俄國的監獄刺青也傳遞了大量訊息。110頁圖中老虎頭上文字的意思是：「把賤貨、抓耙子跟叛徒趕出去！」下方縮寫的意思是：「唯有射擊得以改造我」。111頁是一系列俄國竊盜犯身上的刺青圖樣，左上方文字意思是「垃圾都去死」，中央上方的圖樣是一位女性受刑人身上的刺青，這個圖樣帶有反猶太人的意涵，因為過去她曾與一位猶太人同居，但就在她發現懷下同居人的孩子後就遭到始亂終棄。正中央與左下方的圖樣在俄國監獄相當常見，意思分別是「就是這些東西搞砸了我們的人生」和「賤婊子」；右下方的圖樣則表示了身紋有這個刺青的人是為了女人而犯罪，或意味著這個人認為女人跟惡魔是打從同個娘胎生出來的。

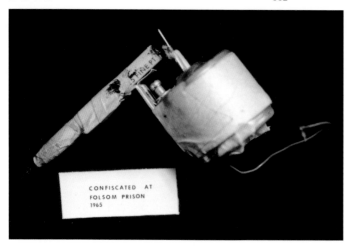

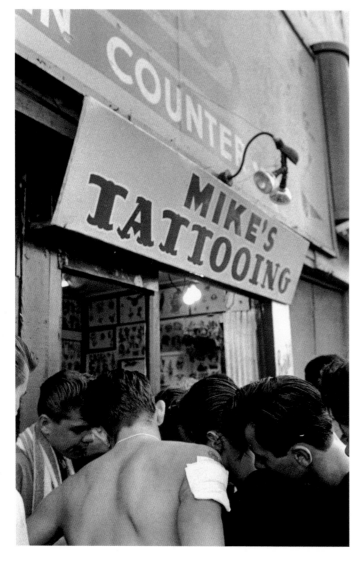

在加州的佛森（Folsom）州立監獄中，
禁止囚犯彼此相互刺青的禁令以及專
門設備的缺乏，未能阻止紋身藝術的
擴散。這一台1965年的自製電動紋身
機，是利用電池跟原子筆這類能從監獄
裡頭搜刮到的材料所拼湊而成。自動
筆、收音機的電晶體、訂書針、迴紋針
以及吉他弦，全都被監獄裡頭的刺青師
們拿來用在打造替代性的電動紋身機
上；另一方面，在墨料不足的時候，熔
膠、混了洗髮精的煤灰，甚或是煙灰都
被拿來當做替代性的顏料。

美國許多主要城市在1950年代湧入大
量非裔美籍移民，他們為了尋求更好的
工作機會以及社福條件而搬離南方州。
黑色面孔湧入過去白人所居住的地區，
引發種族衝突，強烈反對種族融合的幫
派也接二連三地成立。這一群新興的都
會街頭幫派受到重機車手影響，仿效他
們在身上紋下訴求強烈的刺青，以宣示
自身隸屬重機車手集團，並將刺青做為
一種象徵彼此情誼血溶於水的標記，刺
青店也因此惡名昭彰，成為誤入歧途的
憤青們的集散地。

有別於專業刺青店，許多對刺青抱有興趣的業餘者利用自製的工具在自家提供刺青服務，並對於刺青的青少年抱持相當隨興開放的態度。下方的照片攝於1960年，住在約克夏的21歲礦工艾瑞克‧希米斯特（Eric Simister）正在為當地的在學男孩們刺青。希米斯特也幫右方照片中15歲的艾瑞克‧加維斯（Erci Jarvis）刺青，他胸膛上的蝴蝶是在他12歲時被紋下的。對於大西洋兩岸的眾多青少年而言，在身上紋下叛逆的刺青，是一種有利他們接觸都會幫派文化的媒介。也因此英國政府為了應對這個問題，在1969年通過了「未成年者刺青法案」（Tattooing of Minors act），禁止18歲以下的未成年少年刺青。

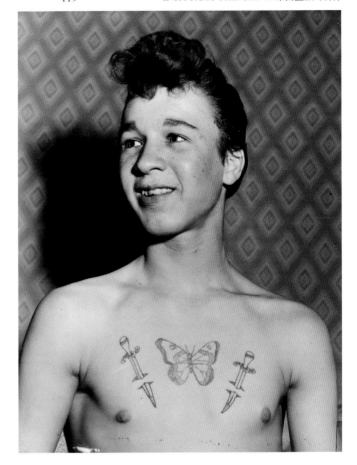

←
監獄運動場——比方說像照片中
攝於1960年代的德州亨茨維爾監
獄——是瀰漫著緊張氣氛的場所，
只要一個閃神，敵對派系之間的暴
動便一觸即發。受刑人在放風運動
時是被允許可以脫掉監獄的制式T
恤，因此會露出身上的刺青，暴露
出隸屬不法集團的身分，更是提升
了這樣的危險性。

↑
頭戴荊棘皇冠的耶穌基督或是瓜達
露佩聖母等帶有宗教意涵的圖樣，
是墨西哥黑灰風格中最常見的設計
之一。在今日，精緻的宗教圖樣對
於紋身藝術愛好者來說是相當潮的
設計，但是他們多半並不曉得，這
種黑灰色調風格的刺青與拉丁美洲
幫派文化其實有著密切的關係。

☆☆

REBEL TATTOOS
叛逆的刺青

第二次世界大戰結束後，

一種嶄新的叛逆刺青風格為不法重機車手所擁抱，

成為他們對抗主流社會的標記。

這些叛逆分子騎著哈雷機車橫掃美國，

他們以身上的刺青為傲，

並將其視為邊緣族群的榮譽標記。

在同一時期，其他國家的刺青師

正在醞釀出極富革命性的創意，

將紋身藝術往社會能接納的方向推動。

雖然重機車手的刺青聚焦於眾多不同
主題，他們身上的刺青跟拉丁美洲出
身青少年身上所見的圖樣（見p.100）
有許多共通點。許多不法重機車手多
半是在監獄服刑期間首度接受刺青，
過程中使用簡陋工具與替代性顏料這
一點與墨西哥黑灰風格刺青如出一
轍。也因此，雖然重機車手的刺青中
所見的V-twin引擎、幫派logo與機車標
記歌頌的是奔馳於路上的生活，而非
象徵都會幫派身分，重機車手身上所
見的圖樣與拉丁美洲系的設計還是有
著相當高的雷同度。

←

許多重機車手身上的刺青謳歌的是自由與速度，但其中有一部分卻帶有黑暗面。過去曾入監服刑、同時擁護諸如雅利安兄弟會等種族主義組織的重機車手身上可見融合了納粹與傳達傳統美國意識的圖樣。雖然大部分的重機車手都是愛好和平的大型機車迷，他們只是因為無法認同中產階級的價值觀而選擇了不一樣的生活方式，但對於認定了重機車手是會犯罪的下層階級的人而言，重機車手身上傳遞著種族主義訊息的刺青正好是支持自身論點的絕佳佐證。

↓

根據哈雷機車這個品牌所設計的刺青圖樣，常見於 1948 年成立於加州的地獄天使幫（Hells Angels）成員身上。在媒體、政客以及警方數十年來的渲染下，地獄天使幫屢屢成為引發社會道德恐慌的焦點。雖然地獄天使幫本身堅持他們的理念純正，成立目的不過是為了要替重機愛好者策劃和平的社交活動，但是成員們身上挑釁意味強烈的刺青已經與非法畫上了等號。

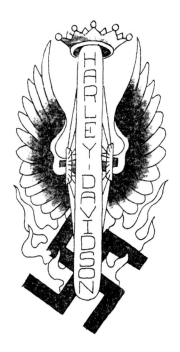

許多不法重機車手身上可見的刺青傳達了強烈的反社會意涵，FTW這個縮寫代表的是「去你媽的世界（fuck the world）」，另外像頭蓋骨、拳頭以及有性暗示的圖樣都讓重機車手與大眾社會格格不入。「1%」這個圖樣的由來可上溯至1947年，當時重機車手在加州的霍利斯特市引發鬥毆事件，《生活》雜誌（Life）在一篇專題報導中嚴厲批判這場騷動，也因此美國摩托車協會（American Motorcyclist Association）將霍利斯特市（Hollister）的重機車手們定位成犯罪者，同時宣稱99%的協會成員都是奉公守法的公民。不法的重機車手們相當歡迎這樣的指責，他們受夠了美國摩托車協會的綁手綁腳，並隨即將自己定位為剩下的1%。

MOTOR

HARLEY — DAVIDSON

CYCLES

ONLY FOR H.A.

1 %
ONLY FOR H.A.

F.T.W.

HARLEY-DAVIDSON

HEAD

F.T.W.

HARLEY — DAVIDSON

KNUCKLE HEAD

HD

↑
頭蓋骨、血、惡魔以及其他帶有攻擊性的圖樣是重機車手身上常見的刺青元素,而「天生輸家(born to lose)」這個刺青則反映了被主流文化拒於門外的重機車手們的心聲。13這個數字的刺青也經常見於選擇了有別於主流生活方式的重機車手身上。也因為M是英文字母中的第13個字母,若是某人身上紋有這個字母,就意味著他有吸食大麻與安非他命的習慣,或是他有經手這一類的交易。

→
在早期的非法重機車手文化中,女性多半被看做是像商品一樣的存在,無法與男性平起平坐。這樣的現象也反映在刺青的圖樣上,女性重機車手被看做是男性幫派成員的附屬物。但是民族誌學者芭芭拉‧瓊斯(Barbara Joans)卻有不同的看法,她認為現代的女性重機車手勇於顛覆男性權威與傳統重機次文化中女性所扮演的角色。也因此,以女性重機車手為取向的新興團體、俱樂部以及組織也在持續成長中。

次跨頁圖
雖然許多不法重機車手身上的刺青取材自20世紀初期的經典設計,諸如匕首、蛇以及卷軸,但他們可是一點都不歡迎經典軍事主題設計中所傳達的愛國情操。

340

339

338

WITH DEATH I RIDE

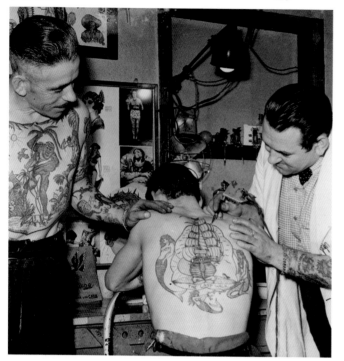

THE BRISTOL TATTOOING CLUB

B. T. C.

FOUNDED BY LES SKUSE.
BRISTOLS ONE AND ONLY TATTOO ARTIST.
HONARY MEMBERS   Sec. L. WILLIAMS
PETER MUNN   Treas D. WILLIAMS
B.B.C.   ORGANISER
AIDAN TURNER.   G. FILSON.

Tim   Maurice   Jeff   George   Dennis   Ron.   Gilbert.   Les.

126頁左上圖與下圖
當紋身藝術在美國還是犯罪者或是
重機車手的專利的同時，在英國有
另一群叛逆分子無視於刺青帶給人
的負面觀感，以其為傲。刺青師萊
斯·史庫斯所創立的布里斯托刺青
俱樂部自1953年開始營運，其目標
在於將刺青以一種藝術形態存在的
觀念推廣出去，同時提升英國刺青
界的技術水平，並且顛覆一般大眾
將刺青與犯罪畫上等號的偏見。

126頁右上圖
布里斯托刺青俱樂部的入會標準相
當嚴格，若想加入會員，直接引用
萊斯·史庫斯的話來說就是「前胸
或是後背必須紋滿刺青，又或者是
手臂上的刺青是花費至少5英鎊來紋
下的」。另外為了辨識身分，會員
必須在身上的刺青中加入布里斯托
刺青俱樂部的辨識圖樣──一隻展
翅的黑色蝙蝠。

↗→
萊斯·史庫斯曾於二戰期間在英國
皇家砲兵隊中待了五年，這段期間
他為無數的砲兵們刺青，也因此他
的刺青設計是扎根於愛國主題上這
一點就絲毫不足為奇。

萊斯‧史庫斯在主導布里斯托刺青
俱樂部的期間，定期與美國著名的
刺青師們保持交流，當中包括了
艾爾‧希福利（Al Schiefley）、赫
克‧斯包丁（Huck Spaulding）與
諾曼‧「水手傑瑞」‧柯林斯（見
p.139），他們彼此交換意見，將紋
身藝術帶向新的境界。雖然史庫斯
的設計主題是以英國風格而聞名，
但是其中依舊可見來自大西洋另一
端的影響，像是本頁的夏威夷日出
以及持槍的牛仔。

ST. GEORGE FOR ENGLAND.

↖ ↑

許多與史庫斯同年代的刺青師熱衷
於模仿了無新意的舊圖樣，史庫斯
則是選擇了在自身的設計中歌頌英
國文化。他針下精緻的圖樣傳遞了
愛國主題，包括飛揚的英國國旗、
咆哮的鬥牛犬以及諸如聖喬治等典
型的英國代表人物。

次跨頁圖

萊斯·史庫斯（中央者）的目標之
一就是要扭轉刺青帶給世人的負面
刻板印象，為此他在當地的酒吧策
劃一系列活動，讓布里斯托刺青俱
樂部的會員們可以交流聚會，針對
紋身藝術高談闊論。這一系列活動
堪稱全球刺青展的濫觴，同時也是
一個重要的里程碑，讓刺青同好得
以建立起社群，觸及更為廣泛的群
眾。同時史庫斯在1956年受桑達
斯基刺青俱樂部（Sandusky Tattoo
Club）之邀，帶領了布里斯托刺青
俱樂部成員前往俄亥俄州交流，在
北美史上第一場刺青展的籌辦中扮
演了關鍵角色。

← 珍妮・「魯斯蒂」・史庫斯（Janet 'Rusty' Skuse）是萊斯・史庫斯的兒子比爾的太太，她保持金氏世界紀錄的歷史超過20年，是全英國刺青最多的女性。珍妮在1961年17歲時紋下生平第一個刺青，到了1964年，她身上的刺青增加到62個以上。當時，格拉斯哥（Glasgow）的一個馬戲團與她接洽，詢問她是否願意以人體刺青展示者的身分工作。雖然她最後拒絕了，但這個邀約進一步激發她的刺青慾望，將母親做為21歲生日禮物而送給她的100英鎊全花在刺青上，據說此舉讓她母親相當震怒。

↖ 照片中萊斯的長子丹尼・史庫斯（Danny Skuse）正在魯斯蒂的腿上刺青。萊斯・史庫斯在1973年過世後，丹尼接手掌管他的布里斯托刺青店，日復一日孜孜矻矻地致力經營直至1990年才退休。

↑ 這個圖樣是出自於丹尼・史庫斯的設計，他的靈感來自1950年代在英國相當盛行的泰迪男孩（teddy-boy）次文化，當時在年輕男性之間相當盛行20世紀初期的愛德華風格紳士穿著。

↑→
布里斯托刺青俱樂部的存在相當具顛覆性，因為在一個大眾對於刺青的觀感是低俗且陽剛的年代，它為女性敞開了大門，歡迎她們的入會。身上有大量刺青的女性的出現，打破了過往刺青界是由男性所主導的傳統。另一方面，布里斯托刺青俱樂部成員展示身上刺青的照片，在1970年代的刺青復興期為女性刺青師帶來諸多靈感。

←
在南半球的彼瑞，辛蒂·芮（Cindy Ray）（本名蓓芙·羅賓森（Bev Robinson））成了第一位澳洲土生土長的刺青美女（見p.183）。辛蒂在19歲時結識了攝影師哈利·巴淳（Harry Bartram），巴淳說服她在六個月內在身上大量刺青。當初辛蒂只從巴淳那拿到一筆定額的報酬，但在往後可以抽成的承諾下，辛蒂於1960年代打著「刺青美人」名號在澳洲各地巡迴表演。然而就在她上路後，巴淳利用他為辛蒂拍的照片來為刺青用品店、一系列刺青器具，甚至是辛蒂·芮粉絲俱樂部來做宣傳，之後他神祕地銷聲匿跡，辛蒂也絲毫沒有分到半毛錢。

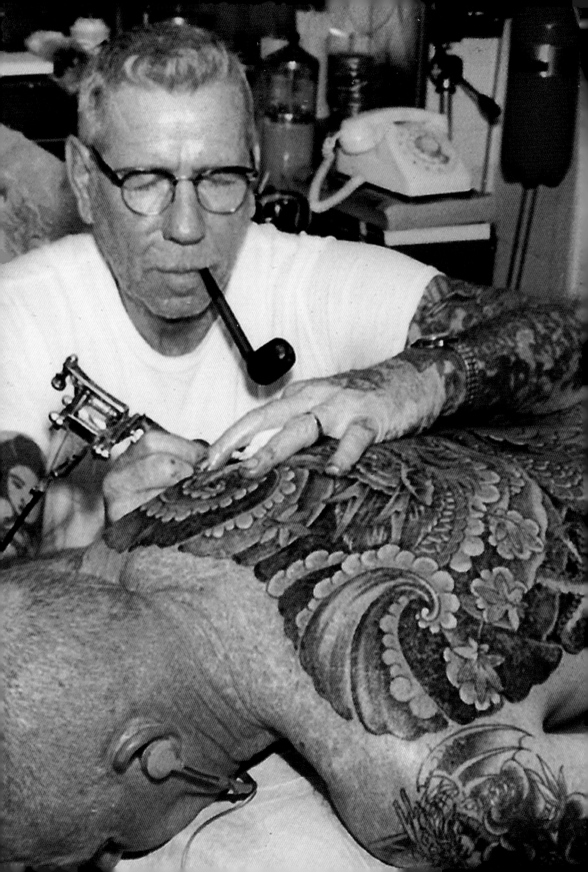

✮✮✮
TATTOO REVOLUTION
刺青革命

當刺青在大眾的認知中還是叛逆標記的年代，

沒人能想像到刺青在今日

會是市場上上看好幾百萬美元的產業。

在諾曼 ・「水手傑瑞」・ 柯林斯的作品

——他的作品受到傳統日式刺青的啟發——

以及 1960 年代晚期橫掃西方世界

的反主流文化運動的影響下，

紋身藝術試探性地踏出了朝主流接納方向的第一步。

Clean Needles
Brightest Colors
Modern Designs

Chest and Back
Work by Special
Appointment

The Original
"SAILOR JERRY"
KNOWN THE WORLD OVER
FOR
SOLID. BRIGHT. NEAT
TATTOOING
AS YOU LIKE IT
"MY WORK SPEAKS FOR ITSELF"
1033 SMITH STREET.
HONOLULU, HAWAII

次跨頁圖
柯林斯的作品中可見美國海軍陸戰隊
地獄犬（見p.36）或是裸女等一般耳
熟能詳的圖樣，他針下的線條大膽果
斷，但是對於外行人來說，要察覺他
設計中的創新性或許並非易事。柯林
斯的用色細膩，對於細節有著近乎偏
執的執著——舉例來說，出自他手的
帆船圖樣中，索具是完全比照海軍實
際使用的船體——柯林斯的設計將20
世紀初期的簡陋刺青帶向新的境界，
同時也為1960年代晚期與1970年代
的刺青文藝復興奠定了基礎。

↑→
諾曼‧柯林斯（人稱水手傑瑞）被
譽為是將20世紀初期的傳統刺青與
1970年代的刺青復興期接軌的人
物。柯林斯出生於1911年，25歲以
前他跟隨美國海軍在遠東地區服役，
這讓他在後半生對於亞洲的文化與藝
術始終抱持著濃厚的興趣。自海軍退
役後他定居於夏威夷，在接下來的40
年持續為放風上岸休息的海軍弟兄們
刺青。但有別於同年代的刺青師，柯
林斯將畢生精力用在開發刺青的形
式、提升刺青師的工作條件，以及和
日本刺青師們相互交流色料、設計圖
與技術。柯林斯作品裡頭的西方意象
可見日式風格的影響，為刺青界制定
了新的準則，並為一整個世代的刺青
師帶來深刻影響。

←
諾曼‧柯林斯不僅僅是單純地仿效日
式刺青，他運用了在交流過程中所學
習到的技巧來拓展西方刺青藝術的可
能。他的設計扎根於西方刺青的傳
統，但也運用了日式的打霧技巧來提
升顏色的層次感，並為作品增添立體
感。另外他也運用了像是龍與櫻花等
日式元素來連結比較小的圖樣，進一
步完成全胸或是全背的作品，宣告了
西方刺青界新時代的來臨。

DEATH BEFORE DISHONOR

DEATH BEFORE

USMC

DISHONOR

UNITED · STATES · U·S·M·C

1·0

MARINE · CORPS

DEATH OR GLORY

OR

IRISH

UUSMC

NAME

USN

4·R

Sailor Jerry '64

前跨頁圖

對與諾曼・柯林斯持續保持交流的
日本刺青師們來說，「針供養」是
一項極為重要的文化儀式。「針供
養」源自萬物有靈論的傳統，意味
著舊針的節日，包括像裁縫師或織
工等工匠會將用舊的針帶到神社或
是佛教寺院，將其插在豆腐或是蒟
蒻等柔軟的物體上，以慰勞它們長
久以來的辛勞。照片中這一群日本
刺青師在讓他們的針永眠後，停下
了腳步以示緬懷之意。

→

日本的刺青大師不會使用本名來掛
招牌，他們會冠上「彫」（hori）
這個姓，再搭配上有深遠意涵或是
自家族中繼承下來的名字。在多數
情況下，刺青師於工作上使用的化
名多半是一種榮譽的象徵，學徒在
多年不懈地見習後才能從師傅那將
名字繼承下來。日本刺青大師第二
代彫五郎追隨了父親（第一代彫五
郎）的腳步，他的前學徒（第三代
彫五郎）也同樣在自家家鄉成為了
一名出色的刺青師。

↓

諾曼・柯林斯並非唯一自日式刺青
中擷取靈感的刺青師，魯斯蒂跟比
爾・史庫斯在1973年前往日本旅
行，造訪了彫五郎等刺青大師，一
探日式刺青技術的奧義。

Tattoo By Hori-Goro

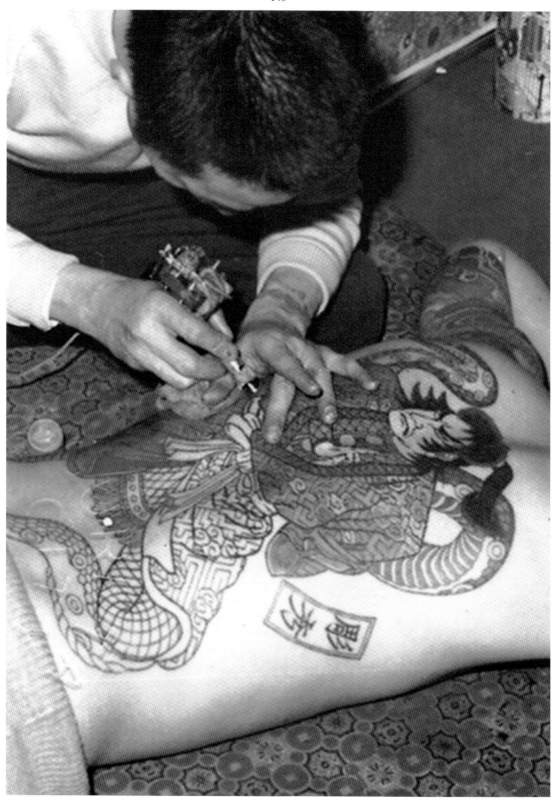

← 諾曼・柯林斯在他於美國海軍服役時遠赴遠東的期間，對日本藝術開始產生興趣，但他真正開始全面對亞洲刺青感到著迷，是始於1960年代他於檀香山中國城開最後一間刺青店的時候。在這段期間，他跟日本刺青大師彫秀（本名為小栗一男，照片中正在刺青的人）建立起關係，他提供彫秀美國的刺青機與針以換取對方的指點與設計圖。

↗ 彫秀讓諾曼・柯林斯最為驚豔的是他的作品面積之大，以及日本刺青師將整個人體當做畫布的概念。

→ 彫秀在1950年代以學徒身分展開刺青生涯時，紋身藝術跟犯罪者的地下世界有著強烈連結，他的顧客絕大多數都是黑道分子（見p.102）。彫秀說他現在大部分的客戶是工地的建築工或是消防隊員，這些族群所隸屬的團體相當看重情義，即便刺青在日本社會的觀感不佳，這些族群在身上刺青以示團結的歷史卻也已持續了數百年。

次跨頁圖
諾曼・柯林斯取經自傳統日式刺青中統一的美學，在其中融入了美國流行文化意象以及他自彫秀手中取得的設計圖，奠定個人的風格。但是柯林斯的意圖不僅止於此——他永遠無法原諒日本人曾轟炸他摯愛的夏威夷珍珠港。他本人也承認，他想藉由推動西方刺青界的發展來「以其人之道，還治其人之身」。

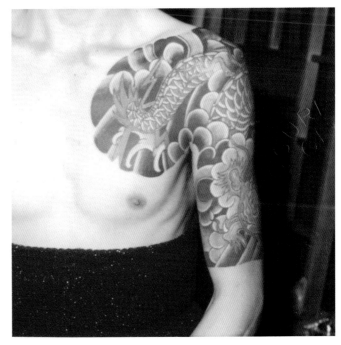

Tattoo By Hori-Hide

前跨頁圖

這位人物是日本刺青師大和田光
明，這張照片攝於他座落於東京灣
西側的橫濱工作室。大和田過去曾
與全球各地的刺青師交流，他帶給
西方刺青界的影響特別見於1986
年，當時他受麻薩諸塞州塞勒姆
（Salem）的皮博迪博物館（Peabody
Essex Museum）之邀，把自己做為
作品展示，題名為「日式刺青藝
術」。橫濱這座城市帶給西方刺青
界相當深遠的影響，19世紀末期的
日本政府在兩百年的鎖國後被迫與
外國展開貿易，當時的主要港口之
一就是橫濱。水手們或是貿易商在
這個中繼站停泊上岸休息之際，會
把握機會探聽哪兒有刺青師，然後
回國後他們身上就會多了幾個對於
當時的西方人來說鮮少有機會看到
的精緻刺青。

↑

將身體作為傳達政治觀點或是身分認
同的手法，是1960年代末期新興的觀
念。當時許多年輕人對於種族、性觀
念以及性別議題的看法，與一般社會
大眾認知有相當大的出入，他們經常
利用身體做為發聲抗議的手段，即便
那並不一定是永久留存於身上的刺
青。上方照片中是一位青年國際黨
（Youth International Party）──又稱
Yippie，這個組織是反戰運動中的一個
團體，對他們來說，個體的力量凌駕
於所有信仰──的成員，他將黨的logo
畫到了背上。下方照片中的人物過去
是越共囚犯，為了抗議美國持續干涉
越戰，他將POW這幾個字母潦草地寫
在額頭上。這幾個粗獷的字母讓人聯
想至古希臘和羅馬的罪犯或是與社會
脫節的人物，這些人的額頭會被紋上
不名譽的標記，以便與一般社會大眾
做出區隔。

在1960年代末期政治行動主義盛行
之際，可以見到刺青師將他們的創
作做為抗議的手段，比方像圖中由
紐約刺青師史百德‧韋伯（Spider
Webb）（見p.176）設計的圖樣就
表達了對於越戰的強烈譴責。

←
在1960年代的反主流文化運動期間，有閒時與閒錢在政治上採取行動的大學生隨即接納了刺青，將其做為表達觀點的手段。傳遞了抗議訊息的設計，比方像左圖這個歌頌黑豹黨的圖樣就相當流行。雖然刺青要到1990年代才真正被主流文化所接納，反主流文化期間的刺青在將紋身藝術引介給另一群更為廣泛、受過教育的族群這一點可說是舉足輕重。

→
刺青在20世紀初期吸引的主要是男性群眾──戰後唯一會刺青的女性全是重機車手──在1960年代晚期刺青給人的印象是既粗獷又男性化。然而隨著開放的女性主義抬頭以及1966年全美婦女組織的成立，男女平權的觀念受到宣揚，這樣的概念也隨即傳播至刺青店。不久後，像史百德·韋伯這樣關鍵的刺青師開始專門為女性畫設計圖，包括像右圖這個揶揄老套軍事刺青設計的創意圖樣。

1969年6月紐約市警方突擊了位於格林威治村的石牆酒吧（Stonewall Inn），這間店在當時是紐約市內僅有的少數幾間歡迎同性戀顧客的酒吧。警方的粗暴舉動為這場突發性的搜索帶來混亂，混亂所引發的石牆暴動激發出了全美的同性戀解放運動以及為同性戀者爭取權利的訴求。不久後，刺青界中也出現了支持同性戀者的設計，許多行動派選擇在身體紋下這些圖樣以示他們的政治立場。

1970
—
1990

1970 — 1990

珍妮絲・賈普林（Janis Joplin）手腕上的刺青——這個翡冷翠風（Florentine）的手環圖樣是由歌手本人設計、萊爾・圖特爾（Lyle Tuttle）操刀——經常成為攝影時的焦點，這讓許多她的女性粉絲也開始挑戰傳統，嘗試刺青。

在1960年代的反主流文化運動潮流橫掃西方之前，刺青行為多半是一種叛逆的標記、對於愛國主義的支持、隸屬於某個團體的團結性象徵，或是一種賺錢維生的手段。但當時序進入1970年代後，社會的變遷為刺青開拓出截然不同的活路。

民權運動、反戰運動、同性戀者權利運動以及女性解放運動帶來的影響非同小可——這些運動都是由渴望改變現狀的行動派發起——一群全新的群眾生平首度登門造訪刺青店，以示他們對於這些訴求的支持。雖然美國和歐洲的刺青店牆上或型錄上可見的依舊不脫老派圖樣，但勞工階級或對社會不滿的分子身上的刺青，開始可以見到帶有政治訴求的設計，像是反核武標誌或是和平鴿。

1970年代中期當這些運動退燒後，新時代運動取而代之地崛起。有別於1960年代呼籲大眾參與政治、改變世界的訴求，社會大眾對於道教、卡巴拉（Kabbalah）或是新異教主義（Neo-Paganism）的深奧內涵開始產生興趣，在持續攀升的熱潮下出現了一群追隨者，他們將注意力轉向內在，探索靈性與自我幫助的概念。這股看重個人價值更甚於群眾力量的潮流將刺青帶往了新的境界，有閒錢報名新時代心靈課程的中產階級們，將刺青視為一種自我表現的手段。相較於大量生產的圖樣，客製化設計的需求開始成長。

同一時間，紋身藝術開始從以男性為中心的傳統中解放，為過去感到被西方刺青界拒於門外的女性群眾敞開了大門，過去被視為女性化的圖樣——像是動物、花朵或是其他取材於大自然的設計——開始在刺青設計中嶄露頭角。社會大眾對於刺青觀感產生變化這一點，同時也反映在接觸刺青的女性藝術家的數字增長上，許多人日後自己開辦工作室，以女性顧客為客群，滿足她們的需求。

專業意識的提升與消費群眾的變化，創造出新秀得以嶄露頭角的環境。

　　就在更多元化的族群對刺青產生興趣的同時，刺青界內部也歷經了一段自我規範的時期。像是舊金山的刺青師萊爾・圖特爾（Lyle Tuttle）就善用了這股社會大眾對刺青湧升興趣的新潮流，在加強這個產業的清潔面上扮演了舉足輕重的角色，拉高了衛生與消毒的門檻，讓那些在過往認為刺青店是只有重機車手跟罪犯才會出入的場所的族群也願意登門消費。

　　專業意識的提升與消費群眾的變化，創造出新秀得以出頭的環境。20世紀初期的刺青師比較像是工匠，他們複製標準、公式化的圖樣以換取報酬，但是社會大眾對於刺青萌生的興趣激發了一群年輕藝術家將人體做為畫布來表現，他們提供客製化服務，與顧客聯手打造出獨一無二的設計。

　　唐・艾德・哈迪、克里夫・瑞凡（Cliff Raven）與唐・諾藍（Don Nolan）等西海岸的刺青師吸收了諾曼・「水手傑瑞」・柯林斯所擁護的日式刺青美學，他們運用細膩的打霧技巧與其他器具，創造結合了典型美國意象與基督教元素的大面積作品，拓展了紋身藝術的可能性。在這個時期，像是新部落風格和黑灰寫實風格（日後數十年占據西方刺青界主流的風格）等新風格也接二連三地抬頭，另外像是觀念藝術家史百德・韋伯等人更將刺青引入畫廊和美術館，讓刺青首度被畫分至美術的範疇。

　　全新的群眾、創作者與刺青風格都為刺青攻占主流文化鋪好了路，一群全新的、跨地域且遍及整個社會的刺青族群的成長，確保了這項藝術形式日後的崛起。在雜誌、音樂次文化以及刺青展——刺青展普及的契機源自於1976年1月戴夫・耶丘（Dave Yurkew）在德州休士頓所策劃的第一場國際刺青展——的催化下，一群將刺青視為個人重要表徵的族群彼此靠攏，往後的幾十年這個族群持續成長，將刺青去妖魔化，讓刺青得以為現代人所接受。

在1970年代刺青為許多次文化所擁抱，刺青展也如雨後春筍般出現，刺青愛好者獲得了展現他們對於紋身藝術熱情的舞台，讓主流社會知道刺青不再是重機車手與犯罪者的專利。

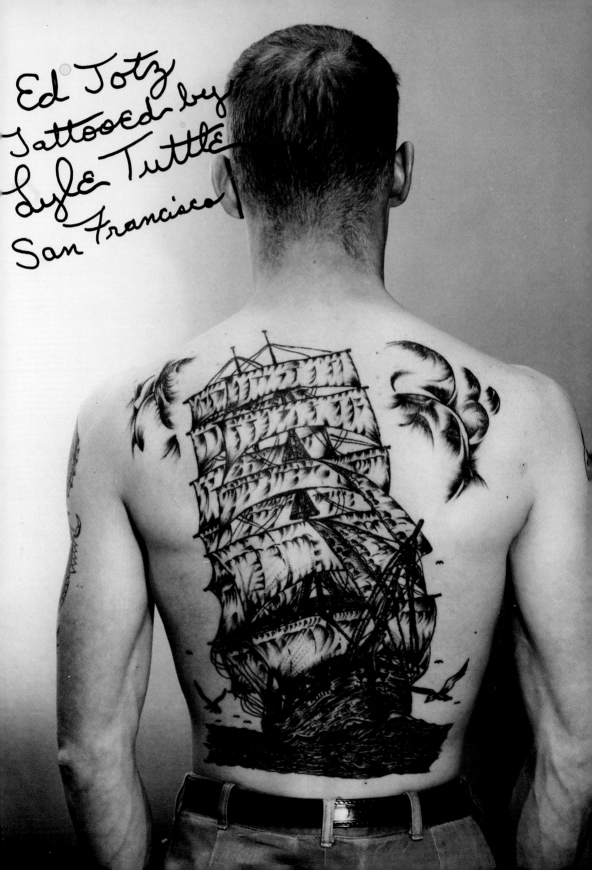

Ed Jotz
Tattooed by
Lyle Tuttle
San Francisco

☆

THE TATTOO RENAISSANCE
刺青的文藝復興

在1960年代的反主流文化運動影響下，

長期以來留在世人印象中，

刺青與叛逆的關聯性逐漸淡去，

同時刺青也為一群新世代的藝術家所接納，

作為一種強烈的自我表現手段。

在唐‧艾德‧哈迪、萊爾‧圖特爾

與其他刺青師的貢獻下，

刺青的聲名就此完全翻轉。

↑

萊爾・圖特爾被譽為是刺青界的
第一位超級巨星，他的存在為現
代刺青的著名招牌好手像凱特・
方迪（Kat von D）（見p.270）等
人的活躍鋪路。圖特爾以舊金山
——反主流文化運動的重鎮——的
工作室為據點，在1960年代期間開
始受到矚目，當時他的作品可見
於許多高曝光率的名流身上，包
括雪兒（Cher）、瓊・拜亞（Joan
Baez）、珍妮絲・賈普林與亨利・
方達（Henry Fonda）。之後圖特
爾被《生活》與《滾石》雜誌專題
報導，還上了電視節目「強尼・
卡森今夜秀」（The Tonight Show
Starring Johnny Carson）受訪。

↘

雖然圖特爾為刺青界專業度的提升
奠定了基礎，許多守舊派的刺青師
卻看不慣他的作風。諾曼・「水手
傑瑞」・柯林斯認為他將規範引進
這個產業所帶來的傷害多於貢獻，
據說他還把圖特爾受《滾石》雜誌
的訪問報導貼在自家廁所門上。其
他刺青師則是看不慣圖特爾自身也
自嘲的「寡廉鮮恥的自我行銷」，
對於他歡迎嬉皮以及學生進刺青店
這一點也頗有微詞，因為刺青店自
二戰後以來始終是重機車手與社會
邊緣人的聚集地。然而對於才要踏
入刺青產業的新秀來說，他們相當
認同圖特爾欲讓刺青觸及普羅大眾
的努力。圖特爾也與刺青界的幾位
先驅，比方像是照片左側來自倫敦
的喬治・本（George Bone）等人建
立良好的交情。

→
圖特爾紋在名流身上的刺青提升了
當代紋身藝術的可見度，除此之
外，他在提升刺青的技術水平上也
扮演了舉足輕重的角色。圖特爾與
美國疾病管制署攜手合作，為舊金
山的刺青店制定了衛生管制規範，
提升了衛生與消毒技術，並且規定
刺青師都必須取得執照。圖特爾的
功績最後擴散至全美，讓刺青店對
於中產階級來說不再那麼讓人望之
卻步。

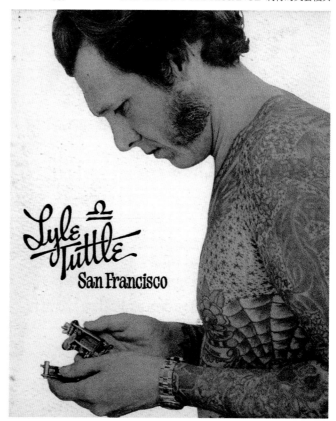

→
提到1970年代的刺青師，改變現代紋身藝
術的最大推手非來自加州的唐・艾德・哈
迪莫屬。哈迪立基於導師諾曼・「水手傑
瑞」・柯林斯（見p.139）的作品，為刺
青開拓了新境界，同時他也活用了1973年
在日本與彫秀（見p.147）合作的經驗，
將人體做為畫布，開發出大面積的客製化
設計圖。他的商業頭腦也為整個產業帶來
莫大的影響。1974年他在舊金山開了「寫
實刺青」（Realistic Tattoo）這間店，是
全美第一間採完全預約式並提供客製化設
計的刺青店，店內的每個刺青圖樣都是絕
無僅有。對已顯疲態的老派刺青絲毫不感
興趣的有錢客人來說，這樣的訴求非常對
他們的胃口。

↓
在2000年代初期哈迪與服裝設計師克里斯
蒂安・奧迪吉耶（Christian Audigier）攜
手合作，以刺青為靈感所設計出的服飾開
始出現於鬧區的流行服飾店，同時也可看
到瑪丹娜或瑪莉亞・凱莉等主流文化的名
流身上穿著這樣的衣服，此舉讓哈迪飽受
來自一群看重傳統的刺青師的抨擊。雖然
哈迪被指控為了金錢而出賣了刺青師應有
的道德，但他在1970年代所創作的日式風
格大面積刺青，還是為剛要踏入這個產業
的新秀們帶來不容小覷的影響。

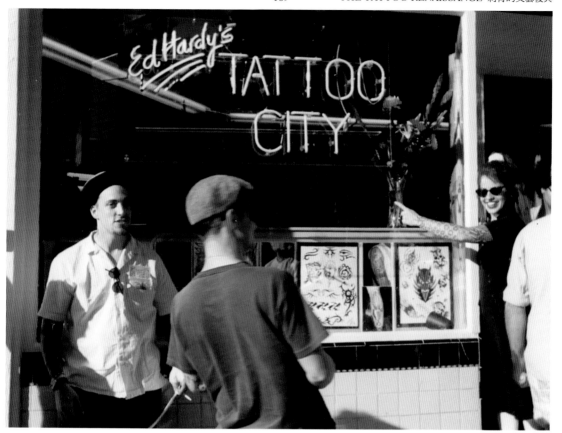

唐・艾德・哈迪在1977年於舊金山開了第二間店「艾德・哈迪的刺青城市」（Ed Hardy's Tattoo City）。雖然這家店數年後在一場火災中被火舌吞噬，但它在刺青史上可說是扮演了舉足輕重的角色，因為這間店是提供精緻的黑灰寫實風格刺青的先驅店之一。在當時黑灰寫實風格尚未普及，多半只見於墨裔美籍的幫派分子而非都會族群身上。有別於需要預約的「寫實刺青」，「刺青城市」提供的雖是即時服務，但仍吸引一批來自全美各地的有志刺青新秀來到哈迪的店面，在他的督策下磨練手藝。

刺青師克里夫·瑞凡同樣也在他座
落於芝加哥、洛杉磯與舊金山的店
面,將西方紋身藝術與日式美學結
合,創作了像是右頁照片中的大面
積刺青。當時無論是刺青界或是社
會整體都盛行著一股排斥同性戀的
風潮,但瑞凡為人所知的另一點
是,他是全美第一位公開出櫃的同
性戀刺青師。他瞄準同性戀顧客市
場,為他們量身設計圖樣,此舉使
得他在開發刺青的顧客群上扮演了
相當重要的角色。

在將日式美學引進西方刺青界的功
績上，唐・諾藍可說是跟唐・艾
德・哈迪與克里夫・瑞凡並列為三
巨頭之一。諾藍在1960年代師事
好幾位大名鼎鼎的刺青師門下，
其中包括了伯特・格里姆（Bert
Grimm）、戴夫・耶丘、丹尼・丹
佐（Danny Danzel）與諾曼・「水
手傑瑞」・柯林斯。他最為出名的
一件作品是加拿大人克里斯汀・卡
樂芙（Krystyne Kolorful）的全身刺
青。卡樂芙是受金氏世界紀錄認證
為全球身上刺青最多的女性，她的
這項殊榮現在是與來自加州的茱莉
亞・葛努斯（Julia Gnuse）共享。
近年來，諾藍經常現身於不同大學
或是機構演說，闡述刺青在1970年
代所歷經的巨大變革，以及刺青是
如何從一項民俗藝術演化成自我表
現的手段。

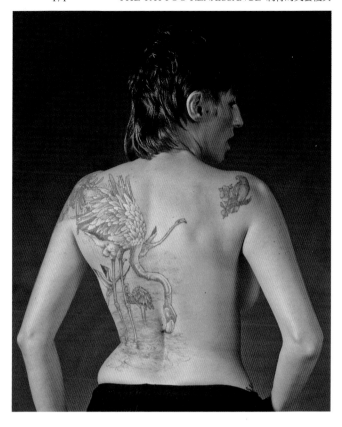

←

1970年代絕大多數引領時代潮流的刺青師都是以美國西海岸為據點，而東海岸刺青界的中心人物夏奇・高曼（Shotsie Gorman），則採用比較前衛的手法來表現刺青，理由主要在於東海岸與日本的物理距離較遠，激發了唐・艾德・哈迪、克里夫・瑞凡與唐・諾藍等人的日本刺青師，對他來說並不是那麼親近的存在。高曼過去是曼哈頓的雕刻家，他在結識觀念藝術家史百德・韋伯（見p.176）之前是透過自學習得刺青技術。他在韋伯位於紐約的工作室短暫待上一陣子後，發展出一套自己的風格。據他所說，這套風格是受到文藝復興時期繪畫及抽象藝術的影響。

↑

夏奇・高曼擅長日式風格圖樣、擬真肖像以及如同照片中這個紋在後背上的紅鶴一樣的大面積刺青，他目前在加州柏克萊經營刺青店。高曼不僅開創了嶄新的刺青風格，並在1988至1990年期間出版了《刺青擁護者》（Tattoo Advocate）這份雜誌，拓展了刺青對於大眾的訴求潛力。在這本雜誌中，他提倡刺青可以是一種美術形式，爬梳了紋身這項行為的人類學根源，並且歡迎那些透過藏傳佛教、占星術、美國原住民靈性信仰與神祕學等，因新時代信仰而愛上刺青的群眾。

←
傑克・魯迪（Jack Rudy）跟查理・卡萊（Charlie Cartright）在他們座落於洛杉磯的刺青店「查理刺青樂園的美好時光」（Goodtime Charlie's Tattoland）開發了單針電動紋身機，以便創作精細的黑灰寫實風格細線作品，這也使得墨西哥黑灰風格（見p.100）得以走出監獄。唐・艾德・哈迪在1977年發現這一對拍檔走在時代尖端的創作，他隨後從卡萊手中將這家店買下，並雇用了前幫派分子、同時也是細線專家的佛萊迪・奈格雷（Freddy Negrete），推動了這個獨特風格的發展。

↑
本頁的作品出自魯迪之手，他運用了細膩的陰影技巧營造出一種既輕柔又寫實的刺青風格，在今日他被譽為是黑灰寫實風格的開山祖師。在1990年代晚期與2000年代初期，繁複的單色圖樣可見於大衛・貝克漢與凱特・方迪等名流身上，推動了紋身藝術的流行。這種風格的源頭可直接追溯至魯迪，以及他和卡萊在1970年代初期共同開發的單針電動紋身機。

除了致力為黑灰寫實風格發聲外，唐·艾德·哈迪同時在西方刺青界的新部落風格的發展上扮演了舉足輕重的角色。哈迪在1978年結識了李奧·祖魯艾塔（Leo Zulueta），他大膽地以視覺藝術形式重新演繹了玻里尼西亞風格的設計圖，同時鼓勵新進藝術家往刺青之路邁進，並將自身的設計重現於人體上。哈迪所創辦的雜誌《刺青時代》（Tattoo Time）以及RE/探索出版社所出版的《摩登原始人》（Modern Primitive）（見p.207）專題報導了祖魯艾塔的作品，使得他的作品一舉為全球民眾所見。新部落風格後來在1990年代大為風行，成為西方刺青界中位居主導地位的風格。

紐約觀念藝術家史百德・韋伯是1970年代刺青復興期間在東海岸最具影響力的刺青師。他大膽前衛的設計將刺青推至高級藝術的領域，同時他也策劃了公開活動，將當代刺青藝術介紹給一群全新的群眾。其中最著名的是辦在紐約市當代美術館前的「紋下去」（tattoo-in），這項活動挑戰了紐約市自1961年開始至1997年針對刺青所下的禁令。在紐約市長魯迪・朱利安尼於1997年簽准了廢除刺青禁止令的法案後，韋伯現身於紐約市政廳台階上，手持一把電動紋身機，做好萬全準備要紋下這30多年來這座城市的第一個合法刺青。

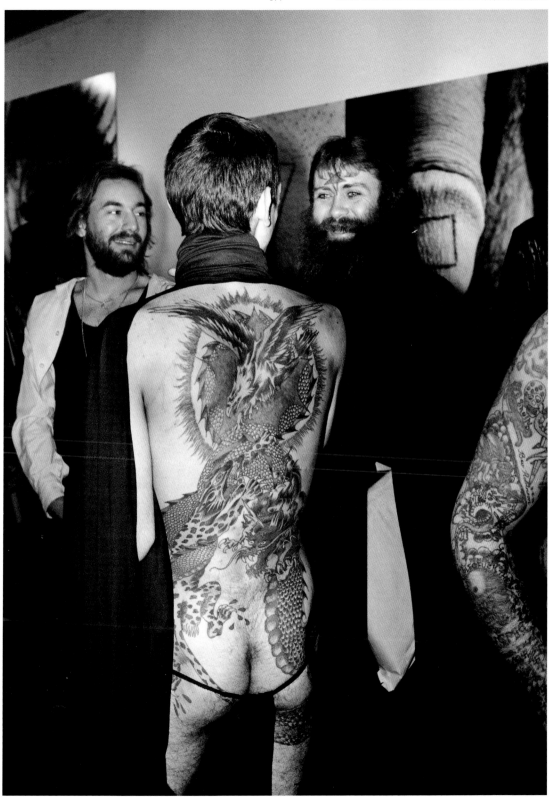

↑
史百德・韋伯和唐・艾德・哈迪及
夏奇・高曼一樣，也創辦了個人雜
誌，他瞄準受過教育的中產階級，
企圖活絡大眾對於刺青的討論，並
且將這項藝術合法化。雖然《進取
的刺青》（Pushing Ink）只出刊了
三期，但是雜誌中無關緊要的連環
漫畫、創意十足的刺青設計圖以及
吸睛的照片，吸引了一群當時覺察
到紋身藝術無窮可能性的都會年輕
人，在東海岸創意十足的刺青社群
幕後低調活動。

←↖↑
綜觀史百德・韋伯的職業生涯，可
以見到他的設計圖與設計照在全球
的美術館與藝廊中展示，挑戰了傳
統觀念中認為刺青不過是一種商業
化後的民俗藝術的偏見。韋伯作品
中的另一項重要性在於其設計針對
了女性客群訴求，並拓展了設計的
主題與概念，使得紋身藝術得以走
出以男性為天下的歷史。

★ ☆

WOMEN AND INK
女性與刺青

在 1970 年代除了大眾對於刺青的觀感開始改變之外，

一群新世代的藝術家也開始創作以女性為訴求的設計，

並開設女性顧客也能感到自在的刺青店，

藉以挑戰充滿陽剛味的刺青世界，

使刺青得以為主流社會的男女兩性接受。

澳洲出身的辛蒂・芮（見 p.134）
在引導女性接觸刺青的層面上可說
是功不可沒。辛蒂以符合時下潮流
的行頭自豪地展示身上刺青的照
片，在 1960 與 1970 年代於全球廣
為流傳，當時身上有刺青的女性少
之又少，此舉激發了許多女性跟隨
她的腳步。此外，辛蒂自 1964 年開
始投身由男性主導的刺青產業，成
為一位刺青師，挑戰了傳統。在往
後的數十年，她在澳洲躋身為頂尖
成功的刺青師。

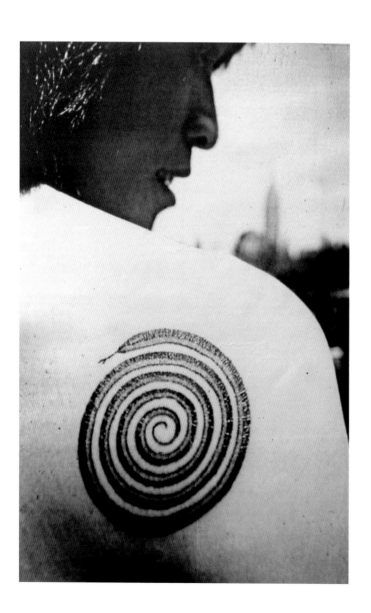

↙
魯絲・瑪恬（Ruth Marten）出身於波士頓藝術博物館附設學院（School of the Museum of Fine Arts），她認為人體是「最終極的畫布」，也因此她在1972年畢業後買了一組初學者專用的刺青工具組。在那之後的幾年她以位於紐約的個人工作室為據點，以朋友為練習對象自學刺青。她以錯綜複雜的圓點圖樣、柔和的色調以及輕柔的陰影效果，引領了以女性為訴求的設計潮流，同時她的發想也極富創意，捨棄過往在女性刺青設計中常見的簡單的愛心、花朵或是蝴蝶等圖樣。這張攝於1975年的拍立得照片展現了瑪恬對於簡約而吸睛的視覺圖像的偏好。

→
已故的蘇珊・福瑟（SuzAnne Fauser）於1979年放棄了在密西根一所高中擔任13年美術老師的資歷，轉行進入刺青產業當學徒。福瑟耗費了近十年的時間在這個由男性主導的產業中立足，據她所說，因為自己的女性身分，使得她在過去總是吃閉門羹。但是就在她結識了資深刺青師兼電動紋身機開發家身分的保羅・羅傑斯（見p.24-27）後，她獲得了一位導師指導自己精通這項技藝，同時也自羅傑斯的經驗吸收，學習如何將大面積圖樣紋得栩栩如生，如同右圖所見這個吸睛的海盜圖樣。

←↓
過去像萊爾‧圖特爾等針對女性開
發設計圖的第一代刺青師的作品多
半小巧精緻，並且取材自典型的女
性題材，不過福瑟卻是胸懷大志。
像是圖中這幅由福瑟所創作的大面
積作品就相當繁複，這讓接受她服
務的女性顧客有機會將整個身體做
為畫布，並且將女性刺青的發展帶
往新的境界。

→
這個大膽的設計組合了花朵與耶穌
聖心，構成了一個全胸的圖樣，其
中可見繽紛的波浪線條以及細膩的
陰影效果，明顯展現了福瑟對於日
式美學的偏愛。但是有別於諾曼‧
「水手傑瑞」柯林斯與唐‧艾德‧
哈迪將亞洲風格與傳統美式主題結
合的手法，福瑟則是運用了日式技
巧來創作以「奉獻」和「大自然」
為主題的設計圖。

←
薇薇・拉從嘉（Vyvyn Lazonga）
自1972年開始接觸刺青，在當
時，她是全球少數幾位女性刺青
師之一。拉從嘉說，過去她在西
雅圖的一間刺青店見習時，她的
男性同事永遠升遷得比她快，這
讓她感到相當無奈，而且她總是
被分配到有問題的工具，讓她無
法隨心所欲完成自己理想中的設
計。拉從嘉在1979年開了自己的
第一間店，打造出讓女性顧客也
能感到自在的刺青環境，同時她
的刺青善於配合女性顧客的身體
線條（如左頁圖），使得她在當
時聲名大噪。

→
這張照片攝於1970年代晚期，地
點是拉從嘉位在西雅圖的自家店
面門口。最左側是拉從嘉，右起
分別為丹尼・丹佐（指導拉從
嘉刺青的老師）以及唐・諾藍
（1970年代刺青復興期的重要人
物，見p.169）。「拉從嘉夫人的
刺青店」至今依然營運中，並且
特別以遮蓋乳癌手術疤痕的刺青
聞名。

↓
下圖是拉從嘉1970年代的作品，
也是今日她僅存的幾個設計圖之
一。從這些花朵中可見拉從嘉實
驗性地納入了維多莉亞時期的風
格。

Monica

Laura

Jo

Sandy

A Garden of Roses by Jack Rudy Bloomed by Katie Deal of Deal, 79

Keith

Nicola

Stem

Marina

Anne

別名上海凱特的凱特‧海倫布蘭
（Kate Hellenbrand），曾於諾曼‧
「水手傑瑞」‧柯林斯生前最後幾
個月在他門下見習，也因此柯林斯
的作品為她的傳統風格設計帶來深
遠的影響。在與柯林斯共事後，凱
特隨後也與其他幾位著名的刺青師
共事，包括像唐‧艾德‧哈迪與傑
克‧魯迪，並於1971年與他們在美
國民俗博物館（American Folk Art
Museum）攜手策劃了「刺青！」
（'Tattoo!'）展。在這個展覽中，刺
青首度於全美以一種藝術型態之姿
進駐公共展示空間。在1979年，凱
特以女性刺青師身分開先河在歐洲
巡迴訪問，將她以女性為訴求的設
計介紹給一群全新的群眾。

Death dealer study
by
shanghai Kate
(for Roland)

↑
紐約藝術家史百德·韋伯在出版於1979年的
《進取的刺青：刺青的藝術價值》（Pushing
Ink: The Fine Art of Tattooing）一書中提到，
女性多半選擇將刺青紋在「敏感」地帶，像
是胸部、腹部或是生殖部位。另一方面，男
性則是選擇紋在顯而易見的地方，像是手臂
上。照片中的這個刺青出自萊爾·圖特爾之
手，它的位置讓被紋身者可以在想露出來時
穿露肚的短上衣，不想露出來時就遮起來，
紋下這個圖樣的女性可以選擇誰有資格看到
她身上的刺青。「女性之所以刺青在於讓自
己開心，而非賣弄炫耀。」韋伯如是說道，
「男性經常像孔雀一樣想要炫耀，所以會選
擇將刺青紋在所有人都能明顯看到的地方，
但是女性多半只將刺青展示給對自己而言存
在意義非凡的人看。」

→
這張照片是1978年薇薇·拉從嘉（左側）和
友人的合影，這位友人身上的刺青是拉從嘉
的招牌設計。這個圖樣跟拉從嘉絕大部分的
作品一樣，配合了被紋身者的身體線條。照
片中的三朵黑玫瑰便是順著這位友人胸部的
線條所完成。

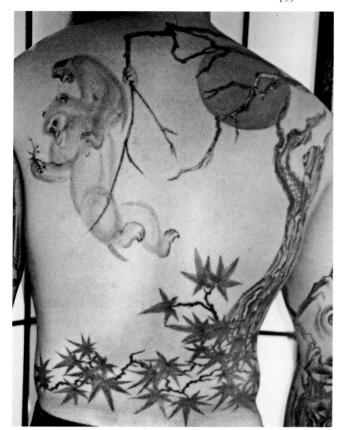

←

雖然薇薇‧拉從嘉特別以花朵圖樣的設計聞名，她對於裝飾藝術以及日式風格也相當有一套。在這個絕妙的圖樣中，這棵樹順著照片中右側被紋身者的後背線條延伸，樹枝在她的後頸處向外伸出去，剛好讓兩隻猴子可以吊掛在樹枝上，完全是一個讚美顧客身體線條的設計。

↓

下圖這兩個復古設計出自萊爾‧圖特爾之手，上方的圖樣名為「女性的力量」。在被問及催化了1960與1970年代刺青的普及要素為何之際，圖特爾這麼說：「女性的解放！讓刺青得以重見天日的，毫無疑問是女性的解放！女性的解放將刺青市場向50%的人口──所有人種的半數──開放！女性使得刺青蛻變成一種更柔和同時更為友善的藝術形式。」

對於出身加州的刺青師派特‧費雪（Pat Fish）來說，刺青與其說是展現女性特質的方式，倒不如說是一種探索自我根源的手段。費雪從小是個孤兒，她說道：「我沒有任何種族認同，也因此我非常渴盼血緣關係以及與歷史的連結。」費雪在發現自己的家族出身於蘇格蘭後，便上溯被世人所遺忘的上古時代歐洲刺青，從凱爾特族設計以及皮克特族所遺留下的巨石遺跡上可見的圖像擷取靈感，特別是繁複的髮辮與編織品的設計。出自費雪之手的繁複凱特族風格在1990年代大受歡迎，在當時新部落風格也開始逐漸為主流族群所接受，費雪獨到的設計為大西洋兩岸的刺青師帶來相當大的刺激，激發他們開始嘗試在設計中融入古代英國異教徒傳統的元素。

PatFish
84

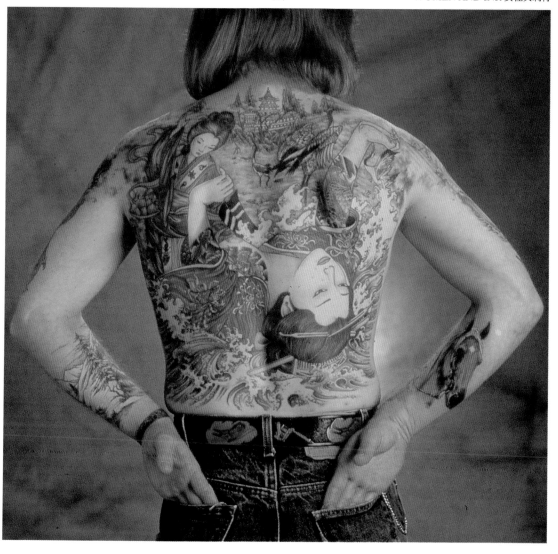

←
全球公認第一位非裔美籍刺青師潔希・葛拉斯罕（Jacci Gresham）的事業在1976年於紐奧良的一間美容院起步。葛拉斯罕過去所學的是建築與工程，在落腳紐奧良之前，她在密西根州佛林特市的老家工作，為通用汽車的經銷商設計大樓平面圖。葛拉斯罕跟嘉薇薇・拉從一樣特別擅長創作配合女性身體線條的圖樣，葛拉斯罕也說建築背景帶給她很大的幫助，讓她在創作大面積、比例均衡的後背作品時（如左圖），可以彷彿像是在紙上作畫一樣，得心應手地在起伏的人體上打底。

↑
美國刺青師凱莉・芭巴（Kari Barba）的刺青生涯始於1979年，她的第一間店在四年後於加州長島開幕。作為刺青師，芭巴的影響力非同小可，她的作品——如同照片中所見，聚焦於日式主題與美學——奪下了五百個以上的獎項，更拿下了最佳刺青師的封號，在美國國家紋身協會所主辦的著名刺青展上接受表揚。不過芭巴為現代刺青帶來的最大影響還在於她身為女性生意人的身分。她在南加州經營了刺青連鎖店，這一點向世人證明了刺青產業不再是男性獨占的天下。

✪✪✪
DEFYING CONVENTION
挑戰傳統

1970 與 1980 年代時，

專門雜誌、刺青展以及音樂次文化的興起，

催化了全球性的刺青社群誕生，

讓背景迥然不同的刺青愛好者得以相識，

同時也讓身上沒有刺青的衛道人士明白，

刺青不再是離經叛道族群的專利。

TATTOO CLUB OF GREAT BRITAIN
6th Annual Tattoo Convention
TATTOO 85
4th-5th November 1985, Crest Hotel, Newcastle upon Tyne.

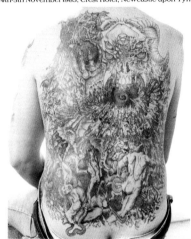

Shotsie Gorman 1985

Tattooing Demonstrations — Competitions — Slide Shows —
Tattoo Beauty Contests — Awards for Outstanding artistic
achievement etc, and much more.

This year's convention will begin with a civic reception on Sunday evening 3 November 1985 to be held at the Lord Mayor's Mansion House. The Lord Mayor of Newcastle upon Tyne will personally welcome you to the convention. Be part of this significant historic event, an important milestone in the road to promoting tattooing to its rightful place in the world of art — as one of the oldest forms of self expression known to mankind.

ASK YOUR LOCAL TATTOO ARTIST FOR DETAILS
or write, for registration forms to,
Tattoo 85
Tattoo Club of Great Britain
389 Cowley Road, Oxford, OX4 2BS

↑
1987年欲參加荷蘭刺青展的群眾正
聚集在阿姆斯特丹的帕拉迪索大禮
堂（Paradiso）外，該處過去曾是
教堂，現在已不具宗教功能，而是
為展覽會或是搖滾音樂盛會提供會
場。刺青在當時還不是可以光明正
大談論的行為，但這個開先鋒的展
覽會為參加者提供了空間與機會，
讓他們認識在其他場合下不可能結
識的同好，暢談彼此對於刺青的熱
愛，以及分享他們對於自家當地刺
青師的評比。

次跨頁圖
照片中大批群眾正聚集在荷蘭數一
數二早期的刺青展上，這個展舉辦
於1984年，地點在帕拉迪索酒吧。
約莫同一時期，在大西洋的另一
端，由美國國家紋身協會所主辦的
全美最大型展覽會則是對紋身藝術
的表現方式採取了比較謹慎的態
度，參加者被要求不得於公眾場合
褪去衣物、展示臉上的穿環洞，或
者是露出生殖器。但是這個在歐洲
打先鋒的展覽會上，參加者可以隨
心所欲地展現自己。

←
近年來在拉斯維加斯、倫敦以及哥
本哈根等城市所舉辦的大規模展覽
會，吸引了來自全球各地的愛好者
以及這個業界中最為著名的刺青師
的參與，但是最早的刺青展不過是
一群死忠刺青同好的聚會。在網際
網路與網路社群普及以前，這些剛
起步的展覽會都是透過口耳相傳、
傳單與海報——幾乎全世界各地的
展覽主辦單位都曾採用的傳統宣傳
手法，包括了巴西、瑞士與英國。

←

刺青展同時也讓更為廣泛的群眾得
以接觸到刺青,在這個面向上可說
是扮演了舉足輕重的角色。當時地
方報紙在報導刺青展時,通常會藉
地區展覽會之名順便刊登驚世駭俗
的照片,但是報導內容同時也讓一
般民眾了解到,身上有刺青的人並
不代表他們就是離經叛道或是很可
怕,當代紋身藝術的愛好者是為了
藝術共襄盛舉、頌揚刺青的技術,
同時也是為了追溯這項古老習俗的
文化根源。照片中這個讓人耳目一
新的前胸刺青展示於1980年代的荷
蘭刺青展上,它巧妙地結合了日式
風格與基督教的典型意像,並宣示
刺青已然脫胎換骨——刺青已不再
是重機車手、犯罪者以及都會幫派
成員的專利。

→

對於資歷較久的刺青愛好者而言,
在刺青被認為是離經叛道的過往年
代裡,他們不太敢高談闊論這項藝
術,但現在刺青展賦予了他們機
會,讓他們生平第一次有機會展示
身上的刺青。照片中的男性過去是
一位軍人,他在1990年代舉辦於漢
堡的刺青展上自豪地展現身上復古
的刺青,這些圖樣結合了日式風
格、軍隊與航海元素,以一種視覺
日記的方式記錄下他的冒險歷程。

←

1982年國際紋身博覽會（Tattoo Expo）的舉辦在推動刺青展的進步上可說是功不可沒。當時美國國家紋身協會在美國主辦了好幾場大型的刺青展，並且策劃了一系列聚焦於刺青產業的全國性展覽，同時卻也招來不少非議，因為主辦方針對參加者的行為制定了嚴格的規範。但是由唐・艾德・哈迪、艾德・諾特（Ed Nolte）和厄尼・卡拉法（Ernie Carafa）所策劃的1982年國際紋身博覽會則呈現了強烈對比。這場博覽會舉辦於加州長灘的瑪麗皇后號郵輪上，會場上以輕鬆的氛圍歌頌紋身藝術，會上並規劃了好幾場具教育性質的活動，爬梳了刺青的歷史及其文化價值。和今日的刺青展如出一轍的是，國際紋身博覽會讓與會者有機會與業界中倍受敬重的刺青師擦肩而過，就像照片中這位大歐米（見p.88）的粉絲，雖然他的實際身分不詳，但是他在會上有幸與東海岸領頭的刺青師夏奇・高曼（左側）合影。

↑

雜誌與書籍在推動全球性刺青社群的建立上擔任了關鍵角色。在書報攤上，《刺青》（Tattoo）和《刺青評比》（Tattoo Revue）這類的期刊吸引了一群廣泛的讀者群，並且也接受讀者投稿照片，讓想要展示身上刺青的人獲得展現的舞台。高踞這個市場金字塔頂端的是以訂戶客群為中心的雜誌《國際刺青藝術》（International Tattoo Art）以及由唐・艾德・哈迪創刊的《刺青時代》。這兩部雜誌聚焦高知識內容，吸引了想探索紋身藝術根源，以及諸如像新部落主義這樣的風格是如何演化的讀者群。RE/探索出版社在1989年所出版的《摩登原始人》也是一部相當重要的出版品，其內容涉及了當代刺青技術，同時也介紹了，存在於原始部落的人體改造傳統中，諸如疤痕紋身（scarification）或是極限穿孔等行為。

←↖↑
就在刺青展跟雜誌催化了同好們團結一致的同時，音樂次文化也讓氣味相投的同好們向彼此靠攏。在1970年代中期，刺青與龐克族以及光頭黨產生了密切連結，在當時這些族群會在身上紋下諸如像十字架、卍字或是樂團的專屬標誌作為連結彼此的象徵，讓彼此產生一種幫派的歸屬感。這些粗糙的刺青多半是出自未取得執照、在自家執業的刺青師之手，但是不久後，這些業餘刺青師所設計的圖樣也開始現身於專業刺青師的工作室，包括英國刺青師拉爾・哈迪（Lal Hardy）。

→
拉爾・哈迪的作品扎根於音樂次文化，他對刺青的興趣是受到1970年代早期泰迪男孩次文化重返流行的激發，在當時由於與正統南方以及鄉村搖滾樂的連結，在粉絲們身上可見到顏色鮮豔的星星圖樣與美國南方邦聯旗。刺青工具在1970年代早期是出了名的難以入手，但哈迪說他因為幫助了一位倫敦刺青師朋友追討回被當地不良分子奪取的店營收，因而獲得人生中第一台電動紋身機作為回報。有了這台電動紋身機的加持，哈迪開始自龐克同好雜誌與專輯封面擷取靈感，為身邊的朋友刺青。在他的口碑開始擴散後，像是「反無處同盟（Anti-Nowhere League）」、「Vice Squad」和「The Exploited」等樂團成員身上也可見到哈迪的作品。

TATTOOS

BY LAL HARDY

MUSWELL HILL

157 SYDNEY ROAD

LONDON N10 2N

210頁

龐克次文化在1970年代晚期自大本營倫敦往外擴散，幾位重要的表演者成為這一波持續成長的音樂浪潮中的代表性人物，他們的肖像也因此滲透進刺青界中。圖中可見一個梳著龐克頭的龐克族上臂紋有蘇西‧蘇克斯（Siouxsie Sioux）的頭像——蘇西是「蘇西與冥妖（Siouxsie and the Banshees）」樂團的女主唱，同時也是由「性手槍（Sex Pistols）」樂迷所組織的團體「布朗姆利隊」（Bromley Contingent）的初期成員之一。背景牆上的圖樣則是「性手槍」成員席德‧維瑟斯（Sid Vicious）和壞牙強尼（Johnny Rotten）的漫畫肖像。

音樂次文化在1970年代晚期與1980年代初期擴散，這個現象也反映在刺青店內。左上圖的圖樣是一位龐克族女性將英國龐克樂團「詛咒」「The Damned」的團名紋在頭側剃髮處。在左邊這名光頭族女性的圖樣上，可見她身上紋滿許多與音樂次文化相關的詞彙，像是「England」的華麗字樣，以及感嘆詞「Oi」。

↓
前衛搖滾這樣的音樂類型雖然在商
業上取得了成功，卻為反體制、我
行我素的龐克族所不屑，但1970年
代的泰迪男孩風潮在「性手槍」出
現後依舊挺了過去，直至1980年代
初期為止持續享有人氣。這張照片
攝於1982年曼徹斯特的一場泰迪男
孩聚會上，這名梳著飛機頭的樂迷
展現了背上這塊靈感得自1950年代
鄉村搖滾的刺青。

→
美國樂團「迷途貓（The Stray
Cats）」的存在讓鄉村搖滾樂捲土
重來，直至1980年代初期都屹立
不搖。團員之一的布萊恩・塞瑟
（Brain Setzer）身上的招牌刺青讓
人憶起1950年代的叛逆青少年和搖
滾樂黎明期，他們的活躍也使刺青
持續有機會曝光於世人眼前。

←

1970年代晚期，林立於洛杉磯日落大道的無數音樂俱樂部，為重金屬音樂這個新潮亮麗音樂類型的出現鋪路，包括像「克魯小丑樂團（Mötley Crüe）」、「Ratt」和「W.A.S.P.」（左頁圖）等樂團的成立。雖然華麗金屬是受到70年代初期「黑色安息日（Black Sabbath）」和「深紫（Deep Purple）」等樂團的啟發，這股音樂新浪潮同時也在演出時結合了華麗的舞台表演與濃妝，刺青也是另一項不可或缺的元素。華麗金屬中享樂主義風格的歌曲傳播了對於性、藥物以及脫軌行為的崇尚——多半還會結合撒旦崇拜或是邪惡這樣的主題——也因此樂團成員們身上也會紋有具攻擊性的反社會圖樣，像是骷髏頭、惡魔或是魔鬼。

↖

「猶太祭司（Judas Priest）」在1980年代推出的專輯「鋼鐵帝國（British Steel）」在全球熱賣，這點對重金屬音樂界來說具有里程碑意義。隔年MTV開台，毫無間斷地持續放送硬式搖滾，提升了諸如猶太祭司的羅伯‧哈爾福德（Rob Halford）（如圖）等音樂人的國際知名度，同時更讓他們身上的刺青觸及更為廣泛的群眾，而非單只有參加現場表演的樂迷。

↑

奧齊‧奧斯本（Ozzy Osbourne）胸部上這個表情猙獰的骷髏頭是1970和1980年代，在重金屬樂團之間發酵擴散的刺青熱潮中最受到青睞的一個典型圖樣。奧斯本在被問及這個圖樣所代表的意涵時，直截了當地回答：「這是我丈母娘。」

←↓
不管是芬蘭湯姆（Tom of Finland）的藝術創作，或是喬治·普拉特·利因斯（George Platt Lynes）和羅伯特·梅普爾索普（Robert Mapplethorpe）的攝影作品，刺青長期以來都與同性戀文化息息相關，因為它是一種象徵了社會歧視與邊緣化的標記。在1980年代，同志們所發起的遊行的政治訴求與效果逐漸變弱，「解放」和「自由」等概念便為「同志尊嚴」這樣的訴求所取代，參加者也變得比較願意在舊金山皮革節（Folsom Street Fair）跟卡斯楚街集會（Castro Street Fair）這種近似節慶的活動上展露身上的刺青，也因此激發了其他共襄盛舉的與會者的刺青念頭。

→
唐·德·哈迪在他位於舊金山的工作室以先驅之姿進行大面積的刺青創作，他的設計奠基於日式刺青美學、黑灰寫實及新部落風格。這種既時尚又創新的風格隨即為當地同性戀社群所接納。

照片中男性身上可見大面積刺青，
生殖器上打了洞——他的陰莖跟陰
囊上有 100 個以上的穿環跟穿釘
——他是水手席德・迪勒（Sailor
Sid Diller），同性戀刺青界中的一
位重要人物。迪勒的工作室「銀錨」
（Silver Anchor）座落於加州的勞德
代爾堡，在那裡他只做同志的生意。
迪勒身上的刺青多半是他在二戰期
間服役於美國海岸防衛隊時所紋下
的，在 1990 年逝世以前，他為無
數的同志顧客紋身，那些設計都為
他們的性向或是他們對於皮革品或
SM 的興趣發聲。

許多刺青愛好者在 1970 年代初期把身上的刺青包得緊緊的，但是到了 1970 年代末期，如雨後春筍般出現的刺青展讓比較敢秀的人有機會展露身上嚇人的圖樣。這張照片攝於 1979 年明尼亞波利斯（Minneapolis）的刺青展上，從這位女性大刺刺地公開展示身上的刺青這一點，說明了雖然美國國家紋身協會針對裸體制定了禁令，實際在會場上卻是上有政策下有對策。

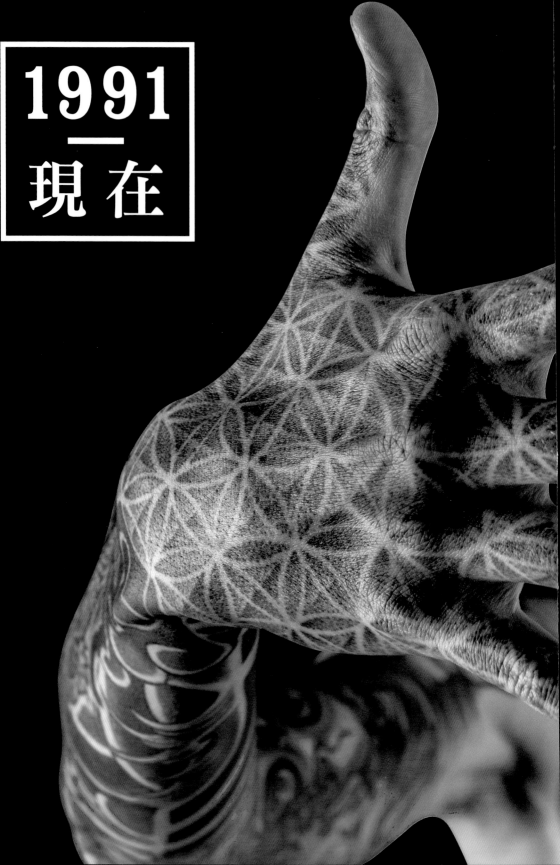

1991
—
現在

1991 — 現在

流行歌手女神卡卡跟1970年代的珍妮絲·賈普林一樣，激發了許多女性踏入她們平生首度造訪的刺青店，並開啟自身的刺青歷程。

1990年代初期刺青開始成為一項流行元素，但是這條路上的前方依舊障礙重重。在這個時期，刺青又再度與危險和風險扯上關係，報紙上可見愛滋病影響的報導，另外還有一些人發出不實聲明，宣稱刺青師的針是愛滋病的傳染源頭之一。在賣座電影《恐怖角》（Cape Fear）跟《沉默的羔羊》（The Silence of the Lambs）這兩部1991年的熱賣作裡，可以見到殺人犯不羈地展露身上的刺青，再度誘發出過往認為只有犯罪者跟社會邊緣人才會刺青的偏見。玩具製造商美泰兒（Mattel）在90年代末期推出了蝴蝶藝術芭比，讓小朋友們可以在芭比娃娃的肚子上貼紋身貼紙。但是不願意讓家中小孩接觸到刺青的憤怒家長們，隨即要求美泰兒回收這項具爭議性的產品。

儘管1990年代社會普遍對刺青存有疑慮，但還是沒有任何力量可以阻擋刺青勢力在千禧年之際敲開大眾時尚的大門。在1970年代的刺青復興期間，刺青與藝術之間的界線變得模糊，許多新秀開始在這個業界中崛起，他們受到唐·艾德·哈迪以及與其打對台的刺青師影響，但也沒有全盤接收傳統的西方設計風格。這些年輕的新秀多半是學院出身，受過專業美術訓練，他們開創了讓人耳目一新的嶄新風格，並且改良了刺青技術，創造出過去數十個年頭以來無法實現的精細圖樣，吸引了一群在過去對紋身絲毫不感興趣、但卻對時尚流行敏感的年輕族群。

在幾個關鍵藝術家的作品成為時尚又炙手可熱的商品後，名流們也快速地擁抱了這股崛起中的潮流。英國足球選手大衛·貝克漢讓全世界看見了黑灰寫實風格的刺青，演員安潔莉娜·裘莉則告訴了世人，身體可以做為畫布，記錄下生命中的重要事件。隨著知名人物自豪地展現身上刺青的同時，全世界

在今日，刺青就跟最新一季的
凡賽斯洋裝或是吉米·周的高跟鞋一樣，
是西方流行時尚的一環。

各地一群從未刺青過的族群也開始準備奉獻出他們的第一次。

　　雖然刺青激發出廣泛群眾的興趣，但是一些潛在的客層依舊對於造訪刺青店感到不安，因為對他們來說，刺青店被上一輩貼上了非法溫床的標籤，是既陌生又神祕的環境。但是在2005年，電視實境秀「邁阿密刺青客」的開播帶領了觀眾深入刺青產業，揭開刺青過程的神祕面紗，讓觀眾們知道並不是所有刺青師都是哈雷重機迷或是會狂飲威士忌的怪物，改變了群眾對於刺青產業的印象。

　　在今日，刺青就跟最新一季的凡賽斯洋裝或是吉米·周的高跟鞋一樣，是西方流行時尚的一環，越來越多的年輕人在滿18歲後便蜂湧至刺青店，在身上紋下大面積的刺青。雖然刺青在過去是一種表達訴求或是抗議的手段，但是當代的紋身藝術變得跟用過即丟的過季時尚一樣，雷射技術的進步日新月異，使得刺青變得可以抹消、重頭來過，不再是需要將畢生奉獻出去的設計。但是對此現象的強烈反彈開始在一群刺青師之間蔓延開來，他們對於刺青失去了撼動世界的力量這一點感到沮喪。這些刺青師多半選擇避開大眾時尚，轉往地下發展，並且挑明了他們就是衝著洛杉磯的刺青粉絲與凱特·方迪而來，設計了一系列激進又具攻擊性的圖樣。另有一群刺青師則是選擇開拓刺青的可能性，與其他像是植入或是疤痕刺青等人體極限改造結合，企圖要讓刺青再度回歸社會邊緣人的標記。

　　有鑒於刺青的社會觀感在過去這一百年持續變動，刺青很有可能最終又再度失寵。但是刺青人口逐年俱增——而且這股熱潮絲毫沒有退燒跡象——乾淨無瑕的皮膚才是王道與流行，而今日熱衷於刺青的世代會被認為過氣、遭到不屑一顧的日子是否真有可能來臨呢？

在過去，刺青在模特兒業界中是阻礙功成名就的障礙之一，但是像凱特·摩絲這樣的巨星也在身上刺青，意味著紋身藝術現在也受到了時尚雜誌封面的歡迎。

☆

STYLES WITH SUBSTANCE
有料的風格

在 1990 年代，刺青捕捉住一群全新的群眾的想像力，

胸懷大志的新秀們也在刺青界中如雨後春筍般出現。

這些年輕又勇於創新的刺青師出身於美術學校，

他們不想墨守成規、

遵循好幾個世代以來的腳步

去模仿其他刺青師的作品，

他們所想的是創造個人獨創的作品。

當幾位關鍵刺青師在紋身藝術史上

留下無可磨滅的印記的同時，

一系列嶄新的風格也隨之問世。

←↖
英國刺青師阿歷克斯・比尼（Alex Binnie）在1980年代畢業於卡迪夫藝術與設計學院（Cardiff School of Art and Design）後，決意投身刺青產業探索刺青技藝，並將其做為一種自我表現的手段。比尼在1993年成為專業刺青師，並且在倫敦開了自己的店面。在那之前，他為醫療題材的文章畫插畫，記錄下醫療技術上的突破。從他的作品中可以明顯看出他在解剖學方面的造詣。

↑
比尼最為人所稱道的是他的部落風格作品（見p.228），但是他的創作中同樣也可見到傳統的日式風格與西方主題，使他獲得全英國風格最多變的刺青師美名。

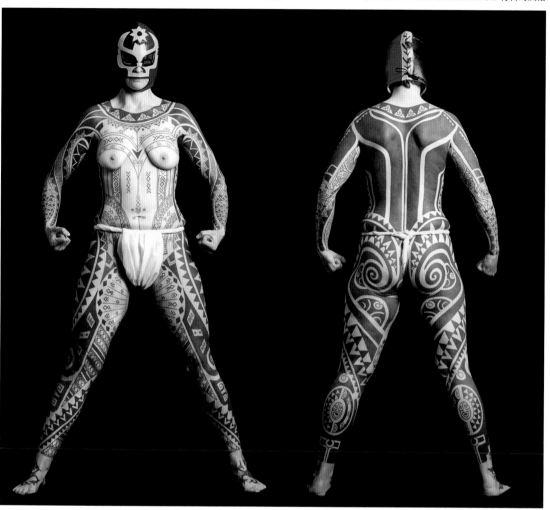

阿歷克斯・比尼在1991年移居洛杉磯，前後在好萊塢好幾家刺青店工作過。在這段時期，比尼心目中的英雄之一李奧・祖魯艾塔（見p.174）曾為他刺青。祖魯艾塔是部落風格的先驅，為1990年代晚期與2000年代初期最受歡迎的風格定調。部落風格的視覺效果強烈且大膽，明顯有別於傳統西方紋身藝術，這點深深吸引了比尼。比尼在1993年回到英國後開始為新部落風格打先鋒，他的設計和部落風格一樣將人體全身當作畫布，作品中粗線條和幾何圖形與人體線條和諧共存。比尼座落於倫敦的店面名為

「為你著迷」（Into You），這間店不僅是推動新部落風格進步的重要據點，同時也是倫敦第一間推出客製化服務的刺青店，提供為顧客量身打造、深富原創性的圖樣，而非抄襲既有的老套設計。「為你著迷」同時也培育出全球幾位數一數二的頂尖刺青師，其中包括尼科爾・羅威（Nikole Lowe）、倫敦高級刺青店「家族企業」（The Family Business）的創辦人摩・科波雷塔（Mo Coppoletta），以及曾為凱特・摩絲和小甜甜布蘭妮服務的丹・高德（Dan Gold）。

保羅・布思（Paul Booth）的作品走的是邪惡黑灰寫實風格，他的設計中可見大量的怪獸、惡魔與噩夢般的意象，就連恐怖小說家洛夫克拉夫特（Howard Philips Lovecraft）看了也會打哆嗦。《滾石》雜誌將他譽為「搖滾刺青的新王者」，在許多搖滾或是重金屬樂團成員身上都能見到他的作品，包括「滑結樂團（Slipknot）」、「潘特拉（Pantera）」、「超級殺手（Slayer）」和「神碑樂團（Sepultura）」。布思說：「驅使我刺青的原動力來自於惡魔。」布思至今依舊對小學六年級的老師心懷怨懟，據他所說，當時的老師既看不起他又常找他麻煩。「對我來說，用自己的作品來對抗那些惡魔，比起不採取任何行動讓我好過一些。」

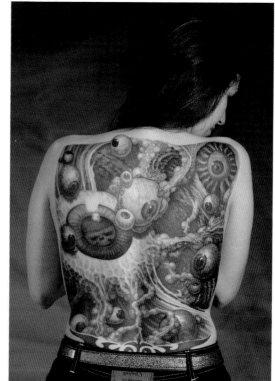

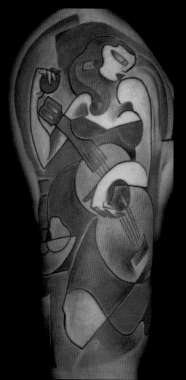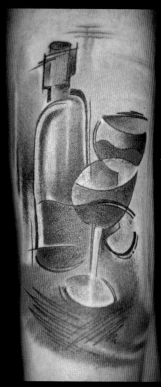

在法國刺青師伯格斯（Bugs）的革
命性作品中看不到早期的刺青風格
影響，他透過了結合前衛藝術與立
體主義來探索刺青的可能。伯格斯
成長於南法佩皮尼昂（Perpignan）
的破舊住宅區，這裡也是他學會了
用針沾墨水來為朋友刺青的地方。
伯格斯在 1980 年代早期畢業於美術
學校，但之後在法國找平面設計的
工作時卻碰壁連連，於是他轉移據
點前往倫敦發展，對於刺青的熱情
也再度被燃起。伯格斯以部落、凱
爾特與日式風格打開了知名度，對
此伯格斯說，他幾乎沒有為英國刺
青界注入任何法式風格的影響。但
是他想要創新的意念相當強烈，於
是實驗性地開創了立體主義風格，
讓美術愛好者了解，刺青也可以是
一種表達情緒與想法的媒介。

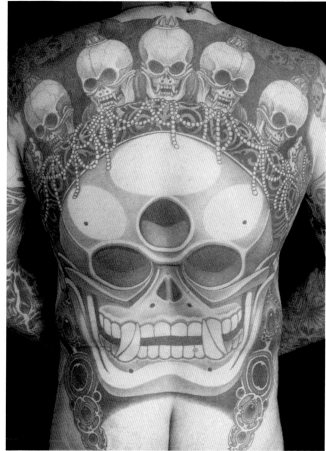

菲力浦・路（Filip Leu）在事業上與家人是好夥伴——菲力浦的父母在1970年代以刺青師身分工作，並在他11歲時就開始將刺青這項傳統技藝的技術傳授給他——1982年他於瑞士洛桑開了「路家的家傳紋身機」（The Leu Family's Family Iron）這家刺青店以及刺青博物館。路以此為據點，首創在電動紋身機上使用較大的針具來紋身，使得大面積或是全身刺青在紋起來時既省時又省力。

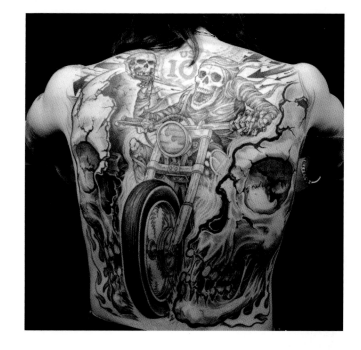

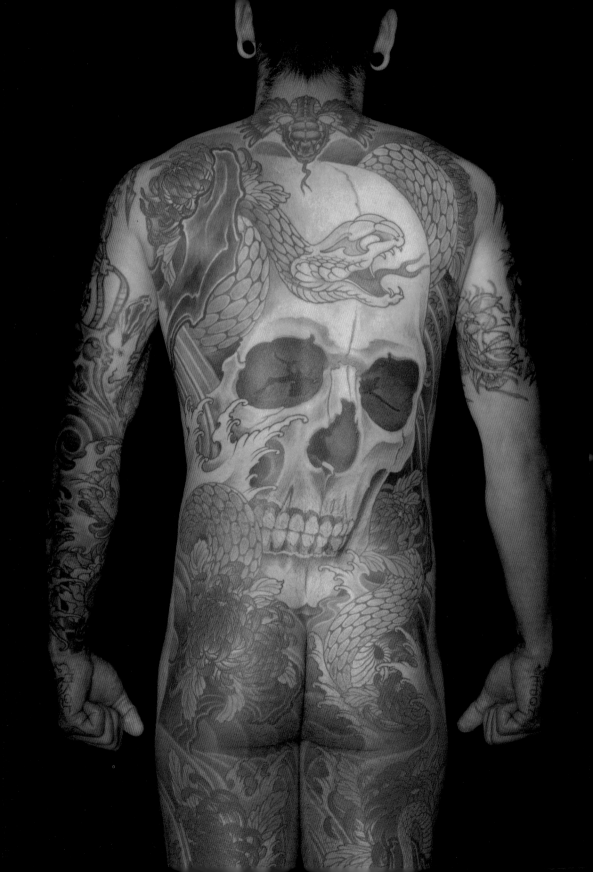

←↓
路在17歲時踏上一場全球之旅，
他的足跡遍及印度、泰國、香
港、台灣和日本，沿途不斷吸收
新的刺青技術。這段旅程最終結
束在唐・艾德・哈迪位於舊金山
的「寫實刺青」店內，路在那裡
待上了12個月，持續磨練大面積
刺青的手藝，並且自哈迪精通日
式風格的經驗中吸收擷取，將其
轉化為遍及顧客全身的刺青。

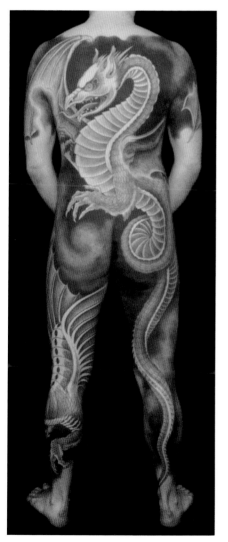

↑
路停留於美國的期間同時也與
傳奇刺青師保羅・羅傑斯（Paul
Rogers，見p.27）共事了三星期。
羅傑斯以發明了全球最多功能的
電動紋身機聞名，他告訴路在進
行大面積刺青時應該怎麼用針，
而羅傑斯的忠言也使得這位瑞士
刺青師在創作繁複的全身與全臂
刺青的技藝上更加精進。

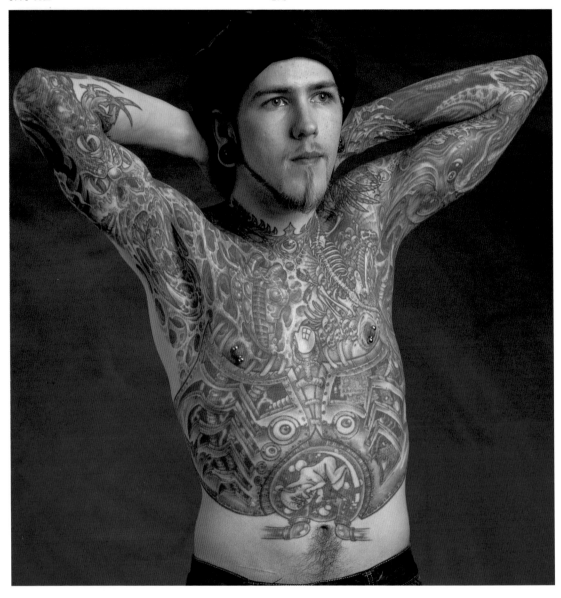

↑
美國刺青師蓋・艾奇森（Guy Aitchison）受到超現實主義畫家H・R・吉格爾（Hans Rudolf Giger）的影響，開創了「生物力學」（Biomechanical）風格刺青，在他的作品中可見機械與人體骨架融為一體——肌肉與肌腱環覆著被金屬活塞與齒輪所取代的骨頭和關節。

→
艾奇森的作品同樣也受到大面積的日式刺青影響，但他的創作同時也立基於諾曼・「水手傑瑞」・柯林斯與唐・艾德・哈迪等先人具突破性的作品上。

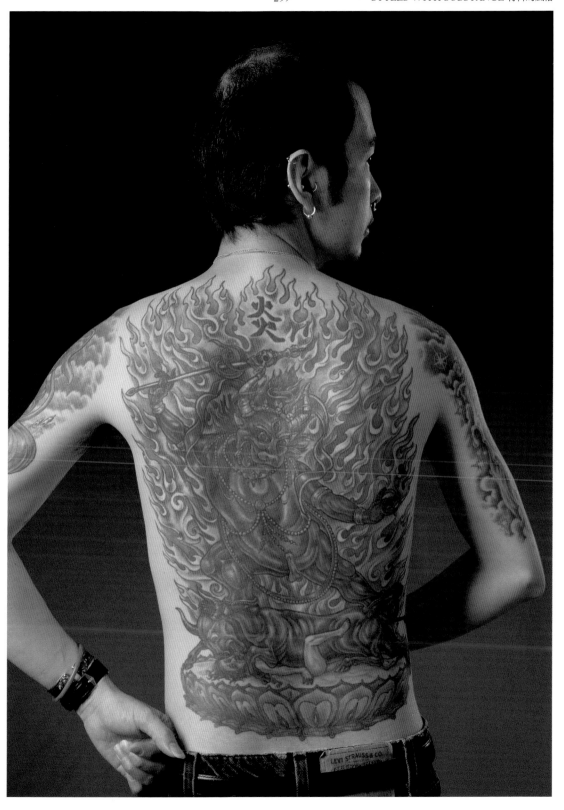

英國刺青師傑森·布契（Jason Butcher）的創作主要是走黑灰寫實風格，但他也發展出一套個人獨特的風格，他用細膩的打霧技巧來創造出一種陰鬱、題材多半駭人同時逼近照相寫實主義（Photorealism）的作品。布契將自己的風格命名為「死亡浪漫風」（Death Romantic），這個風格是由他自己所畫的鉛筆素描發展而來。同時他也花費數年時間在提升打霧技巧上，以求讓自己的作品看起來景深更深、更有立體感。

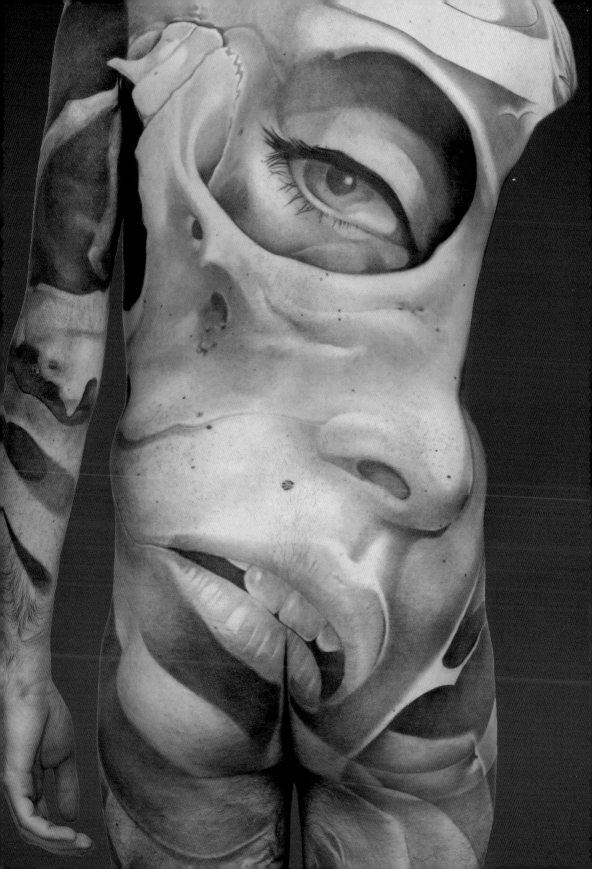

雖然有一部分的刺青風格是扎根於歷史悠久的傳統，但是照相寫實主義式的人像刺青是在近幾年來才得以實現，拜現代電動紋身機的功能所賜，刺青師得以創造出圖樣更為精細、陰影效果更為明顯的作品。美國刺青師邁克‧德弗里斯（Mike DeVries）是全球數一數二的頂尖人像刺青師，他傑出的作品可見於席維斯‧史特龍跟唐尼‧華伯格以及其他音樂界或是體壇的名流身上。

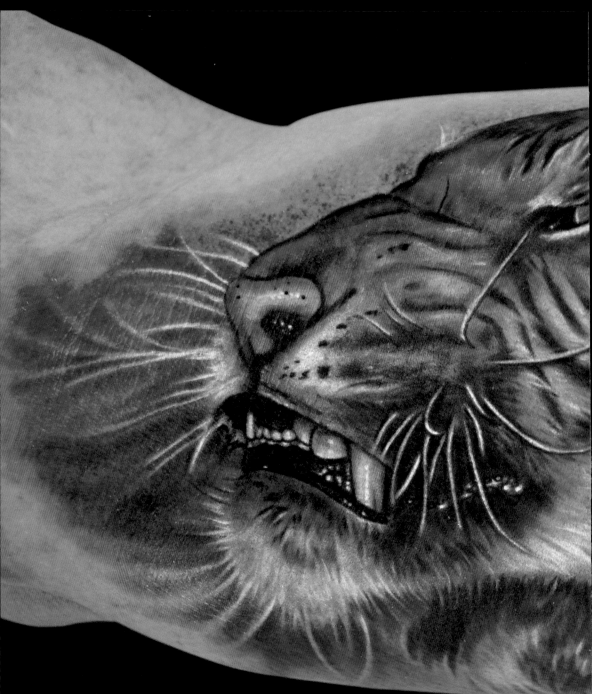

邁克‧德弗里斯自稱自己走的是
「寫實化」風格，他的顧客絕大多
數是因為想把家人或是生命中摯愛
的照片留在自己的皮膚上而找上
他。但是在過去十年來紋下無數人
像的德弗里斯說，他現在已經不回
應這樣的委託，而是將全付精力放
在出版自己的作品集上，以及創作
如同照片中這隻怒吼的獅子之類的
動物題材刺青。

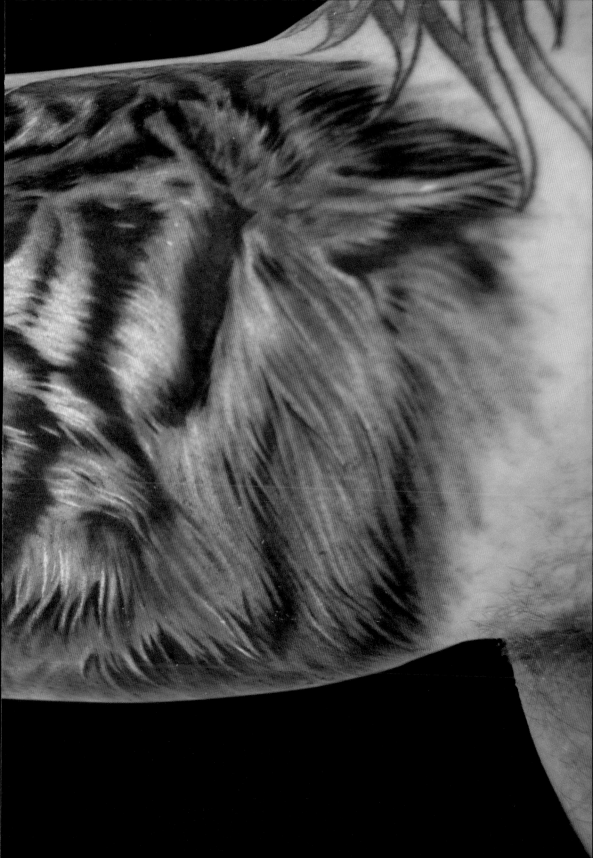

法國刺青師廷廷（Tin-Tin）繼承了諾曼・「水手傑瑞」・柯林斯與唐・艾德・哈迪的衣缽，推動了亞洲風格在西方刺青界的發展。廷廷年輕時在日本旅行過幾個月——他完全避開了觀光景點，一路上只造訪刺青店——在他的作品中可見這趟旅程的影響，包括像是細緻的櫻花、扭動身軀的龍以及浮世繪。廷廷被公認為是法國最具影響力的刺青師，他的作品可見於設計師馬克・雅各布斯（Marc Jocobs）、史蒂芬諾・皮拉堤（Stefano Pilati）與尚-保羅・高堤耶（Jean-Paul Gaultier）身上。

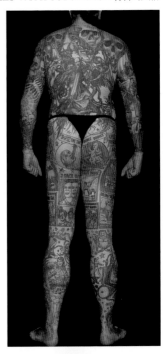

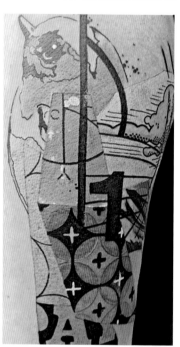

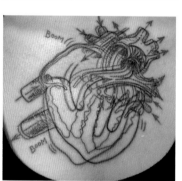

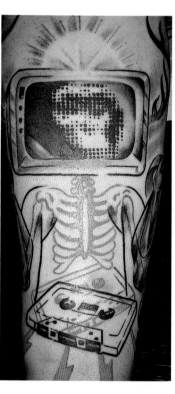

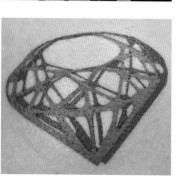

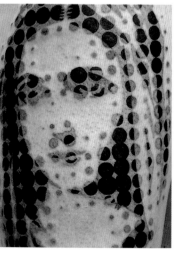

強-佛蘭索‧保倫布（Jean-François
Palumbo，簡稱傑夫〔Jef〕）以他
位於比利時布魯塞爾的刺青店「現
代屠宰刺青」（Boucherie Moderne
Tattoo）為據點，將當代藝術與傳
統刺青結合，開創出一種觀念藝術
路線的刺青風格。在保倫布的新潮
創作中有一種紅藍色圖樣，只要透
過某種特殊的玻璃觀看，就會產生
3D 立體效果，彷彿要從皮膚上一躍
而出；還有一種像素化的作品，只
要站在一定距離外注視，這個作品
就會幻化成某種常見的圖樣；另外
他也大膽地將聖母瑪利亞或猙獰的
骷髏頭與電玩遊戲、電影或大眾消
費文化中常見的元素互相結合。

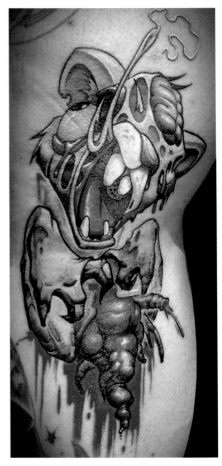

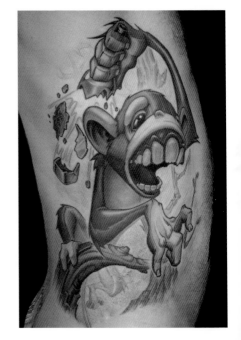

在 1900 年代早期，未經專業訓練的刺青師多半是從簡單的圖樣中擷取靈感，在當時卡通人物跟動漫英雄角色是相當常見的主題。傑西 · 史密斯（Jesse Smith）是卡通刺青最前線的推手，他為自己的個性化設計創造了一系列英雄、壞蛋和奇想世界。史密斯的每個作品都是一個引人入勝的大故事中的其中一個環節──紋在每個顧客身上的角色和場景都各自闡述了這個大故事的一小部分。

本跨頁

喬・卡波比安科（Joe Capobianco）出身於紐約長島，他在 1990 年代早期是一位商業藝術家，他利用 1900 年代早期的美女圖樣，將其與恐怖、科幻元素結合，發展出獨到的美女藝術風格。他在得知位於紐約市先特利契（Centereach）的「克里夫刺青店」（Cliff's Tattoo）願意讓他以學徒身分工作時，便抓住了這個機會，讓自己的設計得以重現於人體上。卡波比安科的設計廣受歡迎，因而也讓他創作的圖樣獲得了「卡波女郎」這樣的封號。

次跨頁圖

倫敦刺青師謝德・勒黑（Xed LeHead）作品中可見粗黑線條、精細的點陣圖與繁複的形狀，這樣的風格一般認為是自新部落風格演化而來。但是新部落風格其實是源起於紐西蘭的毛利族或是夏威夷和玻里尼西亞的原住民族群，然而勒黑的幾何設計卻是運用了電腦、參考了設計書、進行數學演算，並且徹底追求完美對稱，他的設計是在這樣一連串無微不至且充滿現代元素的過程中所得到的結果。勒黑座落於倫敦的工作室「神聖畫布」（Divine Canvas）也培育出好幾位著名的幾何風格刺青師，包括像麥特・布萊克（Matt Black）、喬・夢若（Joe Munroe）與德林・特內席斯（Deryn Tenacious）。

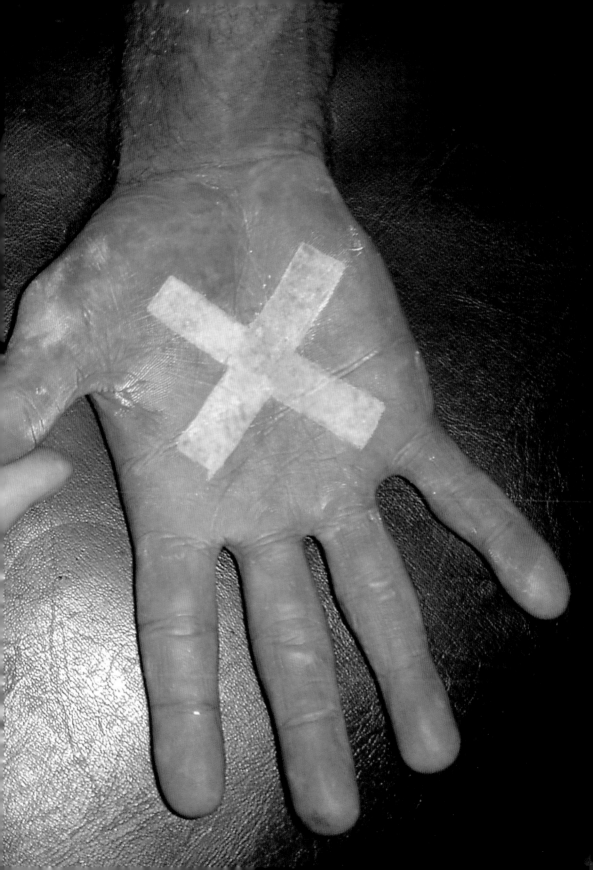

✰✰
MAINSTREAM OBSESSION
主流狂熱

在今日，刺青已擺脫了與犯罪

或是脫軌行為掛鉤的形象，

並成為大眾流行時尚的元素之一。

名流自豪地展示身上最新的刺青，

在「邁阿密刺青客」等電視實境秀中，刺青受到強力吹捧，

再再使得刺青產業發展出前所未有的巨大市場。

「哈里斯互動民調」在 2012 年進行的一項調查顯示，

23% 的女性與 19% 的男性曾刺青過，

而這項數字目前依舊持續成長中。

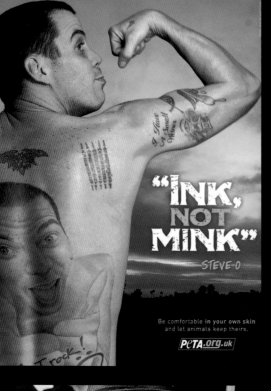

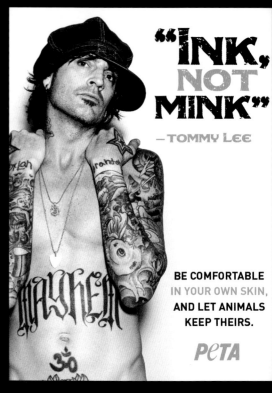

動物保護團體「善待動物組織」（PETA）所發起的「接受刺青，拒絕貂皮大衣」（Ink Not Mink）這個廣告的發想來自社會對於紋身藝術的狂熱，他們邀請到透過「無厘取鬧」（Jackass）這個節目走紅的史蒂夫・歐（Steve O）、1980年代搖滾樂團「克魯小丑」的成員湯米・李（Tommy Lee）以及荷蘭刺青史家漢克・希夫馬赫（Henk Schiffmacher）在廣告中現身，聲明拒絕使用動物毛皮。另有一系列長期廣告則是邀請到音樂人馬里奧（Mario）、達夫・麥可根（Duff McKagan）、刺青師艾米・詹姆斯（Ami James）、馬里奧・巴斯（Mario Barth）以及丹尼斯・洛曼（Deniss Roadman）與泰・羅森（Ty Lawson）等運動員來代言。

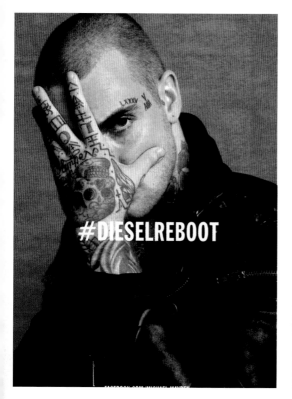

#DIESELREBOOT

TONI&GUY | LONDON FASHION WEEK

USING LABEL M OFFICIAL HAIRCARE PRODUCT LONDON FASHION WEEK
FOR YOUR NEAREST SALON CALL 0800 731 2396 WWW.TONIANDGUY.COM

DAVID BECKHAM INSTINCT SPORT

在時序即將邁入千禧年之際，刺青的人氣度持續攀升，知名的流行與生活風格品牌紛紛接納了刺青，將其做為號召年輕都會族群的手段。時尚品牌DIESEL（左上）與連鎖美髮沙龍品牌TONI & GUY（右上）採用了身上有刺青的模特兒來為廣告代言；另一方面，大衛‧貝克漢在2012年推出了個人品牌香水「大衛‧貝克漢男性運動淡香水」（右圖），並且在雜誌中秀出了他滿是刺青的二頭肌來為這項新產品增添吸睛效果。

⟶

尚-保羅・高堤耶在 1990 年代試
驗性地採用了有別傳統的身體形象
來為自身品牌打廣告，同時他也是
第一位讓有刺青的模特兒踏上伸展
台走秀的時尚設計師。高堤耶在他
的職涯中展現了對於刺青的滿腔熱
情，其中最著名的是在他所設計的
香水「男人」（右圖）的平面廣告
中，採用了一位身上有大量刺青的
模特兒，並且利用了西方刺青界早
期的航海主題來發揮。

↘

高堤耶在 2012 年接任「健怡可口可
樂」的創意總監，設計了一系列限
量款瓶身，其中一款名為「刺青」。
在這個軟性飲料的平面廣告中，高
堤耶並未展露身上任何一處刺青，
而是讓另一位有刺青的模特兒展露
身體來宣傳這個新產品。

"LE MALE" par Jean Paul Gaultier

↑
雖然身上有明顯刺青的模特兒曾一度為主流時尚產業拒於門外，但在今日，要在伸展台上看到刺青可說是家常便飯。在這張照片中，澳洲模特兒萊西・赫爾（Lexy Hell）正於德國柏林2014/2015年賓士時裝週的伸展台上，為馬克・史束（Marc Stone）的品牌走秀。照片中可見她手臂、胸部與頸部上的刺青都完全展露了出來。

→
出身加拿大的瑞克・格內斯特（Rick Genest）是第一位成功以馬戲團台柱身分跳槽至時尚界的典範。格內斯特身上的黑灰刺青讓他看起來活像是真人版的骷髏骨，也因此獲得了「殭屍男孩」的封號。在被人體改造網站「人體改造公社」（Body Modification Ezine）與英國雜誌《怪誕》（Bizarre）聚焦報導以前，格內斯特在2000年代初期是在馬戲團裡工作。媒體的聚焦使得女神卡卡的造型師尼可拉・弗米切提（Nicola Formichetti）注意到格內斯特。拜弗米切提所賜，格內斯特獲得機會現身於蒂埃里穆勒（Thierry Mugler）的2011/2012年秋冬男裝展上，並且以模特兒身分在伸展台上走秀。在那之後，格內斯特更為彩妝品牌德瑪布蘭（Dermablend）以及嘻哈歌手Jay-Z的服飾品牌洛卡薇爾（Rocawear）代言。

←

過去在時裝秀上受到媒體焦點矚目的是身上有大量刺青的模特兒，但是近來更為個人化、低調的刺青也在伸展台上吸引眾人目光。照片中身穿低腰洋裝的模特兒自豪地展示出紋於腰上的十字架。這場時裝秀舉辦於2013年10月的俄羅斯莫斯科賓士時裝週期間，說明了刺青已在某種程度上為高級時裝界所接受。

↖↑

雖然身上有刺青的時尚模特兒以女性居多，但是在過去5年來，展現刺青的男性模特兒人數也在急速攀升。左圖中的模特兒出現在舉辦於紐約市的rag & bone2014秋冬男裝展上，而右邊這一位模特兒則是在2013年9月同樣舉辦於紐約市的諾恰（Nolcha）時裝週上為尼娜‧亞薩納修（Nina Athanasiou）這個品牌走秀。

←→
刺青並非以新人之姿崛起的時尚模
特兒專利，時尚界幾位大名鼎鼎的
人物也同樣趕搭上這股風潮。雖然
妮基·泰勒（Niki Taylor）（左圖）
日後選擇了用雷射除去身上大部分
的刺青，但她右手臂上一系列的刺
青以及為了前男友而在左手臂上紋
下的圖樣都並未能阻擋她躍升為超
級名模。凱特·摩斯（右圖）也是
刺青店的常客，除了右手腕上的船
錨，她的左手背和左肩上還分別紋
有愛心和皇冠的圖樣，另外，她的
背上還有兩隻出自於刺青師盧西
安·佛洛伊德（Lucien Freud）之手
的燕子。

↓↘
艾琳·瓦森（Erin Wasson，左
圖）和伊莎貝莉·芳塔娜（Isabeli
Fontana，右圖）身上的刺青並未構
成她們在時尚產業中邁向成功之路
上的絆腳石。

前跨頁圖
1990與2000年代在名流之間崛起的
刺青熱潮背後，其實與高級刺青店
接二連三的開張有著密切關連。有
別於1900年代簡陋的刺青店，高級
刺青店為大明星也為常客們提供了
在奢華空間中接受服務的機會。
摩‧科波雷塔開設於倫敦的高級店
面「家族企業」是熱衷於刺青的巨
星們的首選之一（見p.229）。

←

凱特‧方迪於2007年現身於電視
實境秀「邁阿密刺青客」後，成
為當代刺青界中眾所矚目的焦
點。方迪過的是耀眼的名流生
活、身旁為搖滾歌手友人所圍
繞，手頭上還有一個延伸節目
「洛杉磯刺青客」（LA Ink），這
些使得她在將刺青引介至主流時
尚界的層面上功不可沒。方迪曾
為許多名流客戶服務過，包括麥
莉‧希拉（Miley Cyrus）、女神
卡卡和碧昂絲等人，她的作品激
發了上百萬的群眾去嘗試刺青。

↑→

在傳統上與刺青有著密切關聯的
是搖滾樂界，但是許多當代流行
歌手也同樣栽進了刺青的坑。蕾
哈娜（上圖）身上有超過20個刺
青，包括一連串自她右肩胛骨延
伸開來的星星圖樣，紋在她胸部
上的圖樣靈感擷取於埃及女神愛
西斯（Isis），另外，她的右手上
還有一個圖騰龍。流行界的話題
人物小賈斯汀則是自16歲生日起
開始蒐集刺青，一般咸認為他身
上持續擴張的刺青象徵的是他想
從一個年少輕狂的流行歌手蛻變
成一位成熟的實力派歌手。

「我父親要求我至少要有半邊保持
正常，所以我只在身體的左半邊刺
青。」女神卡卡在一次受訪時，針
對身上持續擴張的刺青這麼說道。
卡卡的下背處有一個出自凱特·方
迪之手的玫瑰，後腦勺上則有一個
小天使，這個圖樣是卡卡在推出個
人香水「Fame」時，為了造勢宣傳
而在紐約古根漢博物館內眾目睽睽
的舞台上所紋下的。

↑
好萊塢演員強尼・戴普跟大衛・貝克漢一
樣，是在現代男性族群間掀起刺青熱潮的
重要推手之一。據說戴普身上有不下19個
刺青，其中包括有由他擔綱演出的「神鬼
奇航」角色身上一模一樣的燕子圖樣，還
有一個狀似閃電的蛇圖樣，象徵了美國原
住民文化的原始力量。戴普身上最聲名狼
藉的一個圖樣是過去紋在他右手臂上的
「Winona Forever（永遠的維諾娜）」這
個字樣，但是在他跟一樣同為演員的前女
友薇諾娜・瑞德分手後，這個字樣就被改
成了「Wino Forever（永遠的酒鬼）」。

→
頂著招牌蜂窩頭跟身上滿是美式傳統刺
青的靈魂歌手艾美・懷絲，將1950年代
的復古時尚介紹給了廣大歌迷。艾美・
懷絲身上有至少14個刺青，包括她左手
臂上的馬蹄圖樣以及「Daddy's Girl（爹
地的女孩）」這個字樣。而她左胸部上
的「Blake's（我是布雷克的）」則是為
她的前夫布雷克・菲爾德-西維爾（Blake
Fielder-Civil）所紋。此外，她身上還有
一系列清涼美女圖，2008年艾美・懷絲在
葛萊美頒獎典禮上演唱時，節目製作人曾
要求她不要露出紋在身上的一個上空美女
刺青。但是艾美・懷絲沒有選擇穿長袖把
刺青蓋住，而是用眼影在這個讓人頗有微
詞的刺青上隨便畫上了一個胸罩。

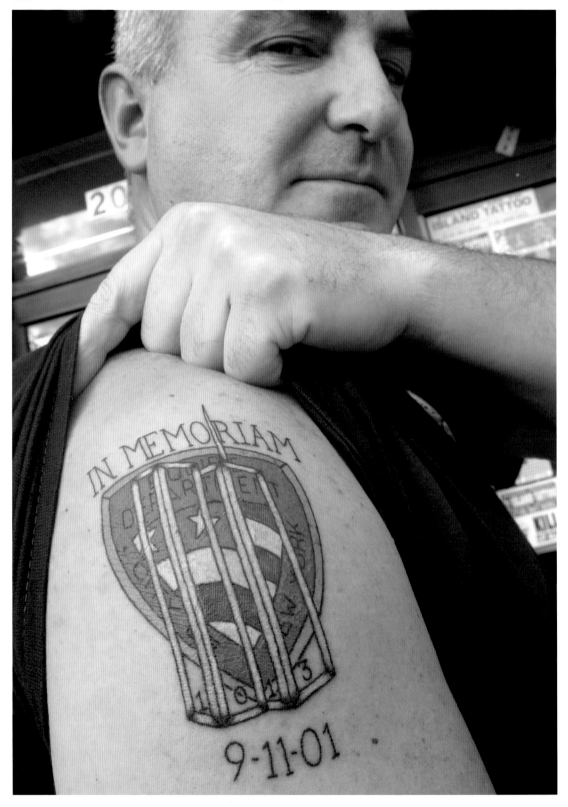

←↑
2001年9月紐約世界貿易中心遭到恐
怖攻擊後，許多消防隊員與警官選
擇用刺青來緬懷喪命於坍塌的雙子
星大樓內的同袍。左頁照片中，紐
約史坦頓島（Staten Island）汽機車
竊盜小組的警官魯迪‧敏納（Rudy
Mienert）亮出為了紀念911罹難者
而親自設計的圖樣。上圖為在恐怖
攻擊後因公殉職的消防隊員布萊
恩‧肯尼札洛（Brain Cannizzaro）
的家人們，對著鏡頭秀出了他們為
了悼念布萊恩所設計的古羅馬鬥士
圖樣。

→及次跨頁圖
911恐怖攻擊的影響同時也可見於美
國前衛刺青師史百德‧韋柏的作品
中。他的作品早從1960年代開始就
深受政治局勢影響（見p.176）。

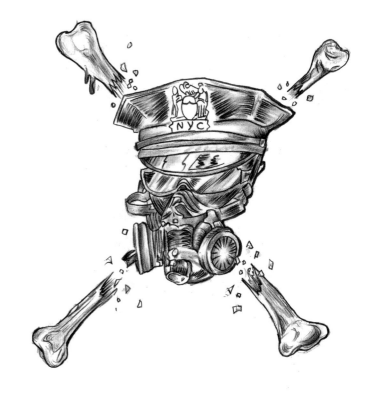

照片中的美國與英國軍人亮出了他們在阿富汗與伊拉克服役期間所紋下的刺青。雖然刺青與軍人之間長期以來有著密切關係，但是在現代軍隊中，刺青所帶來的個人意義遠勝於在世界大戰期間出於愛國情懷而刺青的意義。在今日，軍隊中可見到的刺青多半是為了頌揚各個小隊間的弟兄情誼（左圖），又或者是為了緬懷在戰場上喪命的同袍（左下圖）。

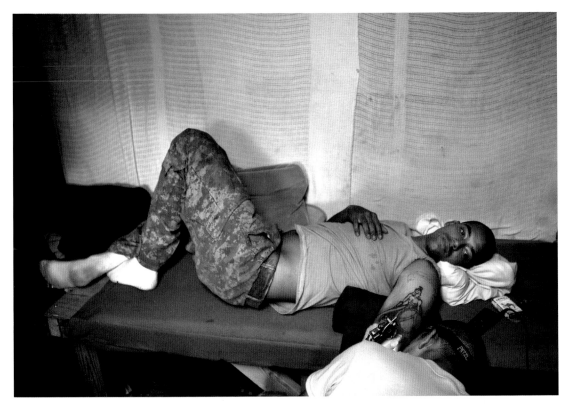

PICTURE CREDITS

Sailorjerry.com; 138 Amsterdam Tattoo Museum; 139 (top) Amsterdam Tattoo Museum; 139 (bottom) Sailorjerry.com; 140-141 Sailorjerry.com; 142-143 Amsterdam Tattoo Museum; 144 Amsterdam Tattoo Museum 145 Amsterdam Tattoo Museum; 146-147 Lucky's Tattoo Museum; 148-149 Amsterdam Tattoo Museum; 150-151 Amsterdam Tattoo Museum; 152 (top) Roger Malloch/Magnum Photos; 152 (bottom) Leonard Freed/Magnum Photos; 153-155 All works by and © Spider Webb; 156-157 Amsterdam Tattoo Museum; 158 David Gahr/Getty Images 159 Amsterdam Tattoo Museum; 160 Amsterdam Tattoo Museum; 162 AP/Press Association Images; 163 (all) Amsterdam Tattoo Museum 164 Richard Todd Photography; 165 Amsterdam Tattoo Museum; 166-167 Charles Gatewood; 168 Photograph by Jan Seeger; 169 Richard Todd Photography; 170-171 Richard Todd Photography; 172-173 Jack Rudy & Amsterdam Tattoo Museum; 174 Richard Todd Photography; 175 Charles Gatewood; 176 (top) Marty Landerhandler/ AP/PA Photos; 176 (bottom) Amsterdam Tattoo Museum; 177 Charles Gatewood; 178-179 All works by and © Spider Webb; 180 Richard Todd Photography; 182-183 Spider Webb Collection/ Charles Gatewood; 184 Ruth Marten; 185 SuZanne Fauser; 186 (all) SuZanne Fauser; 187 Dianne Mansfield; 188 Photograph by Jan Seeger; 189 (all) Vyvyn Lazonga; 190-191 (all) Kate Hellenbrand; 192 (top); AP/Press Association Images; 192 (bottom) Charles Gatewood; 193 (top) Vyvyn Lazonga; 193 (others) Lyle Tuttle; 194-195 Pat Fish; 196-197 Richard Todd Photography; 198 Amsterdam Tattoo Museum; 200-206 Amsterdam Tattoo Museum; 207 Courtesy of RE/Search Publications www. researchpubs.com; 208 Lal Hardy; 209 Amsterdam Tattoo Museum; 210-211 Lal Hardy; 212 Don McPhee/The Guardian/TopFoto; 213 Sheila Rock/ REX; 214 Rex Features; 215 (left) Dana Frank/The LIFE Images Collection/Getty Images; 215 (right) Mirrorpix; 216-219 Charles Gatewood; 220-221 Alex Wolf tattooed by Xed LeHead (©) P-mod; 222 Michael Buckner/Getty Images; 223 Robert Marquardt/Getty Images; 224 Pierre Rutschi; 226-227 Alex Binnie-Into You; 228 Richard Todd Photography; 229 Alex Binnie-Into You; 230 (top) Photograph by Jan Seeger; 230 (bottom) Neville Elder Photography; 231 (all) Richard Todd Photography; 232-233 Bugs; 234 The Leu Family's Family Iron; 235 (top left) The Leu Family's Family Iron; 235 (others) Neil Labrador; 236 Max Dolberg; 237 (left) The Leu Family's Family Iron; 237 (right) Max Dolberg; 238-239 Richard Todd Photography; 240 Jason Butcher-Immortal Ink Tattoo Studio; 241 Richard Todd Photography; 242-245 Mike DeVries; 246 Tin-Tin; 247 (top) Max Dolberg; 247 (bottom) Julien Lachaussée; 248-249 Jef Palumbo-Boucherie Moderne; 250-251 Jesse Smith; 252-253 Joe Capabianco; 254-255 Xed Le Head; 256 Stephen Dunn/Getty Images; 258 All advertisements: "Courtesy of PETA", Henk Schiffmacher advertisement: "Rick Arnold"; 259 (all) Advertising Archives; 260 Photograph by Jean Baptiste Mondino. Advert courtesy: Jean Paul Gautier 261 (top) Photograph by Jean Baptiste Mondino. Advert courtesy: Jean Paul Gautier 261 (bottom) Advert courtesy Jean Paul Gautier, Coca-Cola; 262 Peter Michael Dills/Getty Images for IMG; 263 Francois Guillot/Afp/Getty Images; 264 Andreas Rentz/Getty Images for Mercedes-Benz Fashion Week Russia; 265 (left) Slaven Vlasic/Getty Images; 265 (right) Brian Ach/Getty Images for Nolcha Fashion Week; 266 Mike Coppola/Getty Images For IMG; 267 (top) EMPICS Entertainment; 267 (bottom left) Pascal Le Segretain/Getty Images; 267 (bottom right) Dominique Charriau/WireImage/Getty Images; 268-269 Fredi Marcarini; 270 Carlos Rios/Contour by Getty Images; 271 (left) Rob Loud/Getty Images; 271 (right) Miami Beach Police Department via Getty Images; 272 Rex Features; 273 (top) MPI/ eyevine; 273 (bottom) Ross Kirton/eyevine 274 Todd Maisel/NY Daily News Archive via Getty Images; 275 (top) Suzanne Plunkett/AP/PA Photos; 275 (bottom) All works by and © Spider Webb; 276-277 All works by and © Spider Webb; 278 (top left) Imperial War Museum; 278 (bottom left) Chip Somodevilla/Getty Images; 278 (bottom right) Tim Hetherington/Magnum Photos 279 (both) Tim Hetherington/Magnum Photos

這本書謹獻給我的父母琳恩和史都華，
感謝他們的愛、同理與堅定的支持……
更謝謝他們總是即時地在我最需要的時
候遞上一杯茶！